그리스 로마 신화

괴물여행

재미있게 읽으며 공부가 되는 어린이 교양서

그리스 로마 신화

괴물여행

초판 1쇄 발행 2025년 9월 30일

지은이 김춘희
그린이 찬H
편집인 옥기종
발행인 송현옥
디자인 VAINNO
펴낸곳 도서출판 더블:엔

등 록 2011년 3월 16일 제2011-000014호
주 소 서울시 강서구 마곡서1로 132, 301-901
전 화 070_4306_9802
팩 스 0505_137_7474
이메일 double_en@naver.com

ISBN 979-11-93653-39-5 (73200)

※ 더블엔 주니어는 도서출판 더블엔의 청소년 브랜드입니다.

재미있게 읽으며 공부가 되는 어린이 교양서

그리스 로마 신화
괴물여행

김춘희 글 ㅣ 찬H 그림

더블:엔 주니어

작가의 말

《꼬꼬무 랜드마크 지구여행》이라는 책을 쓰고 있을 때였어요. 스페인에는 '헤라클레스의 탑'이라는 랜드마크가 있는데, 그 탑 아래 게리온이라는 괴물이 묻혀 있다는 이야기를 알게 되었어요. 헤라클레스가 사흘 동안이나 싸운 끝에 겨우겨우 게리온을 물리쳤다는 거예요. '천하의 영웅 헤라클레스가 사흘이나 걸려서 해치운 괴물이라고? 얼마나 힘이 셀까? 어디에 살았을까?' 궁금해졌어요. 그래서 그리스 로마 신화에 등장하는 괴물 이야기를 수집하기 시작했어요. 무서운 이야기, 오싹한 이야기, 신비한 이야기, 슬픈 이야기까지 차근차근 읽고 차곡차곡 모았답니다. 흉측한 모습이지만 슬픈 사연을 가진 괴물, 포악한 괴물을 무찌른 멋진 영웅 괴물, 괴물을 낳은 무시무시한 괴물까지, 읽을수록 흥미로운 신화 속 괴물들의 이야기를 어린이 친구들에게 들려주고 싶었어요. 어린이 친구들, 여기 모여봐요! 하면서요.

그리스 로마 신화에 나오는 괴물 중 24종의 괴물을 골랐어요. 머리카락이 온통 뱀인 괴물도 있지만 머리카락이 하나도 없는 괴물도 있어요. 머리가 세 개인 괴물도 있지만 다리가 세 개인 괴물도 있고요. 책에 소개된 24종의 괴물 중에서 우리 친구가 아는 괴물은 얼마나 있는지 세어볼까요?

《그리스 로마 신화 괴물여행》을 쓰면서 그리스 로마 신화 책을 100권도 넘게 읽었어요. 1년 동안 읽고 메모하고 또 읽고 글을 썼고요. 마지막 원고인 이 인사말을 쓰며 책을 예쁘게 마무리할 수 있었던 것은 '궁금해! 재밌잖아!'하는 마음 덕분이에요. 지치지 않게 해주었죠. 어린이 친구들도 《그리스 로마 신화 괴물여행》을 읽으며 시들지 않는 재미를 느꼈으면 좋겠어요. 진짜 재미있거든요!

신화는 진짜로 일어난 역사가 아니에요. 글자가 없었던 먼 옛날부터 입으로 전해진 이야기예요. 그래서 내용이 조금씩 달라지기도 하고 새로운 이야기가 더해지기도 했어요. 예를 들면, 머리카락이 뱀인 메두사라는 괴물이 사실은 예쁜 아가씨였다는 이야기도 있고, 괴물 세 자매 중 막내였다는 전설도 있어요. 상상하는 대로 조금씩 변하고 보태어진 거죠. 우리 친구들도 《그리스 로마 신화 괴물여행》을 읽으면서 자기만의 멋진 상상력으로 세상에 하나뿐인 괴물 이야기를 만들어보는 것도 좋아요.

자, 두근두근 오싹오싹한 괴물여행을 지금 시작해볼까요?

2025년 8월 여름밤, 작가 김춘희

이 책을 재미있게 보는 방법

흥미로운 퀴즈로 시작하여 재미있는 〈괴물 놀이터〉로 끝나는
《그리스 로마 신화 괴물여행》은 이렇게 구성되어 있어요.

❶ **그림으로 보는 괴물 보고서** : 외모의 특징과 성격을 한눈에
살펴봅니다.

❷ 이 무시무시한 괴물들의 엄마 아빠는 누구일까요?

❸ 어린이 독자 맞춤 질문에 친절하고 재미있는 답을 들려줍니다.

❹ 문해력 향상을 위한 친절한 단어 설명도 있어요!

❺ **누구세요?** 에서는 괴물, 신, 님프, 장소 등 알아두면 좋은 단
어를 다시 한 번 정리했어요.

미노스 왕의 궁전이 남아 있어요, 하지만...

미노타우로스가 살았던 크레타 섬에는 미노스 왕이 머물렀던 크노소스 궁전이 남아 있어요. 궁전은 방이 1000개가 넘을 만큼 넓고 거대해요. 크노소스 궁전은 지어진 지 3300년이 지난 1900년에 발굴이 시작되었어요. 하지만 크노소스 궁전은 세계문화유산으로 인정받지 못했어요. 유럽 문명이 시작된 중요한 유적인데 왜 인정받지 못했을까요?

발굴 당시 궁전은 몹시 부서져 있었어요. 폐허 같았지요. 발굴단은 서둘러 복원을 시작했어요. 무너지는 것을 막으려고 콘크리트 기둥을 세우고, 허물어지는 벽에 시멘트를 발랐어요. 그 바람에 고대 건축물이 가진 고유하고 독특한 특성이 현대 재료인 콘크리트와 시멘트 아래로 사라져 버렸어요. 그래서 세계문화유산으로 인정 받지 못한 채로 남아 있어요.

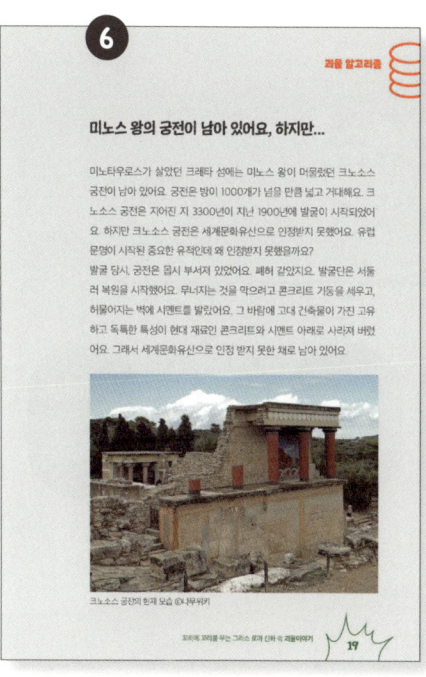

크노소스 궁전의 현재 모습 ⓒ ⓦ키피디아

미노타우로스, 기다려!
미노타우로스에게 가는 길은 테세우스에게 알려 주세요.

❻ **괴물 알고리즘**에서는 괴물과 연관된 재미난 생활 이야기를 소개합니다.

❼ **괴물 놀이터**에서는 미로찾기, 낱말퍼즐, 컬러링, 사다리타기 등 다양한 플레이를 해볼 수 있어요.

그리스 로마 신화
신들의 계보

올림포스 12신

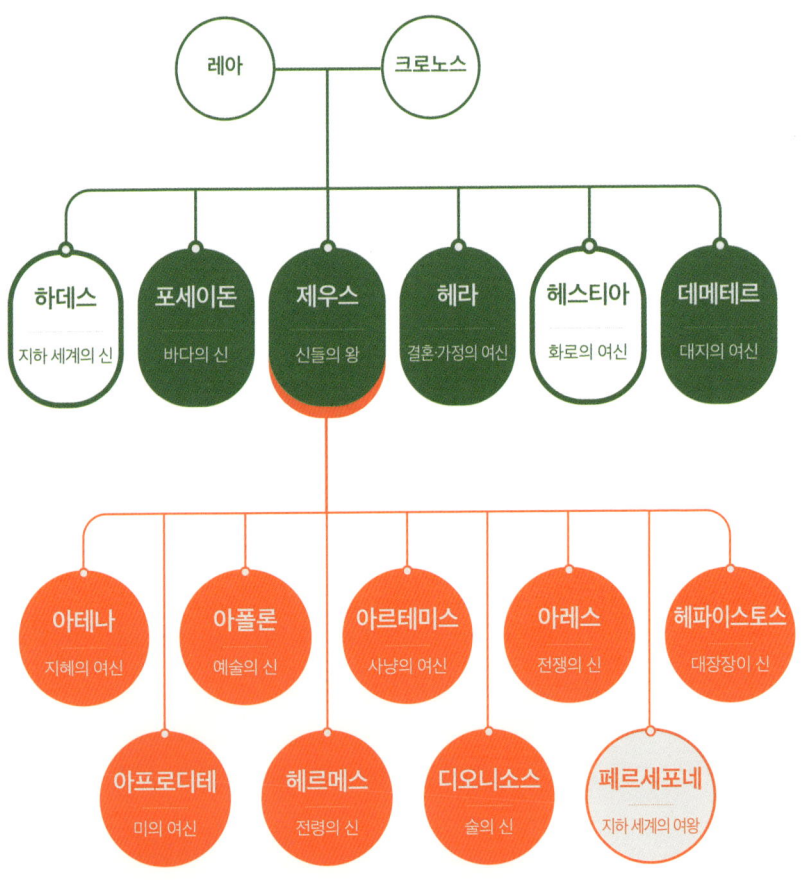

레아   크로노스

하데스 지하 세계의 신

포세이돈 바다의 신

제우스 신들의 왕

헤라 결혼·가정의 여신

헤스티아 화로의 여신

데메테르 대지의 여신

아테나 지혜의 여신

아폴론 예술의 신

아르테미스 사냥의 여신

아레스 전쟁의 신

헤파이스토스 대장장이 신

아프로디테 미의 여신

헤르메스 전령의 신

디오니소스 술의 신

페르세포네 지하 세계의 여왕

그리스 신 vs 로마 신 : 같지만 다른 이름

그리스 신	로마 신	역할
제우스	주피터	신들의 신
헤라	유노	결혼과 가정의 여신
포세이돈	넵튜누스(넵튠)	바다의 신, 지진과 말의 신
데메테르	케레스	대지의 여신
아테나	미네르바	지혜, 전쟁의 여신
아폴론	아폴로	태양, 음악, 시, 예언의 신
아르테미스	다이애나	사냥, 달의 여신
아레스	마르스	전쟁의 신
아프로디테	비너스	사랑과 미의 여신
헤파이스토스	불카누스	대장장이와 불의 신
헤르메스	메르쿠리우스	전령의 신, 상업과 도둑의 신
디오니소스	바쿠스	포도주와 연극의 신
하데스	플루토	지하 세계의 신
헤스티아	베스타	가정과 화로의 여신
페르세포네	프로세르피나	지하 세계의 여왕
에로스	큐피드	사랑의 신

차 례

알아두면 내용이 쉬워져요

괴물 괴상하게 생긴 물체나 사람을 말해요. 무서운 모습,
우스운 모습 등 특별한 모습을 하고 있어요.

신탁 신이 전하는 말씀, 예언을 말해요.

님프 산과 강, 초원 같은 자연에 깃들어 살면서 이를 지키는
역할을 하는 요정이에요.

01

신을 속인 벌로 괴물 아이가 태어났어요.
인간과 황소 사이에서 태어난 괴물은 누구일까요?

❶ 미노타우로스   **❷** 케르베로스

인간과 황소 사이에서 태어난 괴물은 **❶ 미노타우로스**예요.

포악한 황소 괴물

미노타우로스

- 황소 머리
- 날카롭고 커다란 뿔
- 인간의 몸

포악한
성격

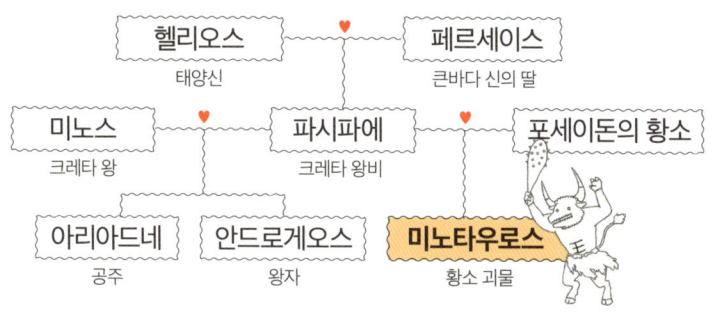

미노타우로스는 무슨 뜻이에요?

미노타우로스는 '미노스의 황소'라는 뜻이에요. 미노스는 크레타 왕국의 왕이고, '타우로스'는 황소라는 의미거든요. 미노타우로스는 황소 머리와 인간의 몸을 가지고 태어났어요.

왜 황소 괴물이 태어났어요?

크레타 왕국에서 서로 왕이 되려고 왕자들이 치열하게 싸울 때였어요. 미노스 왕자는 바다의 신 포세이돈에게 부탁했어요. "황소를 보내주어 저를 왕으로 인정해 주십시오." 포세이돈은 미노스에게 하얗고 멋진 황소를 보내주었어요. 단숨에 형제들을 물리치고 왕이 될 수 있었죠. 그런데 문제가 생기고 말았어요. 왕이 되고 나면, 황소를 포세이돈에게 돌려보내기로 했는데 미노스가 약속을 지키지 않았던 거예요. 멋진 황소를 본 파시파에 왕비가 황소를 보내지 말아 달라고 왕에게 간청[1]했거든요.

> 1) **간청** 간절히 부탁함

미노스 크레타 왕국의 왕   **포세이돈** 바다의 신
파시파에 크레타 왕국의 왕비

왕은 왕비의 부탁을 들어주었어요. 미노스는 바다 신에게 바치는 제물을 늙은 황소로 바꾸어 보냈어요. 포세이돈은 엄청나게 화를 내며 분노했어요. 감히 신과의 약속을 어기다니요!

화가 난 포세이돈은 미노스 왕에게 벌을 내렸나요? 아니오! 포세이돈은 왕 대신 왕비에게 저주를 내렸어요. "크레타 왕국의 파시파에 왕비는 황소와 사랑에 빠질 것이다!" 저주를 받아 황소를 사랑하게 된 왕비는 결국 황소 괴물인 미노타우로스를 낳았어요.

미노타우로스를 사람들이 무서워했나요? 미노타우로스는 외모도 무서웠지만 성격도 무척 포악했어요. 사람을 잡아먹기도 했거든요. 크레타 왕국 사람들은 미노타우로스를 마주치는 것조차 두려워했어요. 미노스 왕은 이 사실을 알았지만 해결할 방법을 찾지 못했어요. 미노타우로스를 죽일 수는 없었거든요.

미노타우로스를 왜 죽일 수 없었어요? 왕비인 파시파에가 태양신 헬리오스의 딸이기 때문이에요. 파시파에가 낳은 미노타우로스도 당연히 신의 자손이고요. 신의 자손을 함부로 죽이면 신이 벌을 내릴 수 있거든요. 미노스 왕은 이러지도 저러지도 못한 채 백성들을 죽이는 미노타우로스를 지켜보며 한숨만 내쉬었죠. 하지만 점점 심각해지자 마침내 결단을 내렸어요.

미노스 왕은 어떤 결단을 내렸어요? 미노스 왕은 고심[2] 끝에 다이달로스를 불렀어요. 다이달로스는 무엇이든 만들어내는 그리

---

② **고심** 몹시 애를 태우며 마음을 씀

스 최고의 장인[3]이에요. 미노스 왕은 다이달로스에게 이렇게 명령했어요. "한번 들어가면 절대로 빠져나올 수 없는 미로 궁전을 만들라." 다이달로스는 왕이 사는 크노소스 궁전 옆에 거대한 미로 궁전을 세웠어요. 미로 궁전은 수많은 방과 비좁은 골목이 복잡하게 얽혀 있어서 직접 만든 다이달로스조차 설계도 없이는 절대로 빠져나올 수 없는 곳이었지요. 미로 궁전이 완성되자 미노스 왕은 미노타우로스를 그곳에 가두었어요.

3) **장인** 실력이 뛰어난 기술자

미노타우로스가 갇히게 되어 평화로워졌나요? 왕국은 비로소 평화를 되찾았어요. 두려움에 떨던 백성들은 마음 편히 생활할 수 있게 되었어요. 하지만 미로 궁전에 갇혀 꼼짝할 수 없게 된 미노타우로스는 더욱 난폭하고 사나워졌어요. 미노스 왕은 미노타우로스를 달래기 위해 아테네의 젊은이들을 먹잇감으로 던져주었어요.

아테네의 젊은이들을 먹잇감으로 준다고요? 왜요? 미노스 왕에게는 안드로게오스라는 아들이 있었어요. 안드로게오스는 이웃나라인 아테네에서 열리는 경기에 참여해서 1등을 차지했어요. 하지만 이웃나라의 왕자가 우승한 것을 인정하고 싶지 않았던 아테네 시민들은 그를 죽이고 말아요. 화가 난 미노스 왕은 군대를 끌고 가 아테네를 공격했어요. 아테네를 굴복[4]시킨 미노스 왕은

4) **굴복** 힘이 모자라서 명령을 그대로 따르는 것

누구세요?

헬리오스 태양의 신   **다이달로스** 무엇이든 만들어내는 사람
안드로게오스 미노스 왕의 아들. 크레타 왕국의 왕자

거친 목소리로 명령했어요. "내 아들의 목숨을 빼앗았으니, 대가를 치러라. 9년마다 아테네의 젊은 남녀를 각각 7명씩 크레타로 보내라!" 그후로 아테네의 젊은이들은 크레타에 와서 미노타우로스의 먹이가 되었어요. 그때 테세우스라는 영웅이 나타났어요.

테세우스가 누구예요? 테세우스는 아테네의 왕자였어요. 아테네의 젊은이들이 희생당하는 것을 두고 볼 수 없었죠. 크레타 왕국에 세 번째 제물을 바쳐야 할 때가 다가오자, 테세우스는 앞으로 나섰어요. 자신이 크레타로 갈 제물이 되어서, 미노타우로스를 해치우겠다고 결심한 거예요.

테세우스가 미노타우로스를 물리친다고 해도, 미로에서 살아나올 수 없잖아요? 맞아요. 하지만 크레타에 도착했을 때 미로를 빠져나올 방법이 생겼어요. 테세우스가 미로에 들어가게 된 순간, 크레타의 공주 아리아드네가 다가왔어요. 아리아드네는 테세우스의 늠름한 외모와 씩씩한 용기에 반해버렸거든요. 아리아드네는 테세우스에게 미로를 빠져나올 방법을 알려주었어요. 실타래를 풀면서 들어갔다가, 실을 따라서 밖으로 나오라고 말이에요. 테세우스는 미노타우로스를 용감하게 해치우고 복잡한 미로도 단숨에 빠져나왔어요. 아테네의 젊은이들이 미노타우로스의 먹잇감이 되는 일은 그 후로 다시는 일어나지 않았지요.

누구예요?

테세우스 아테네 왕국의 왕자
아리아드네 미노스 왕의 딸. 크레타 왕국의 공주

미노스 왕의 궁전이 남아 있어요, 하지만...

미노타우로스가 살았던 크레타 섬에는 미노스 왕이 머물렀던 크노소스 궁전이 남아 있어요. 궁전은 방이 1000개가 넘을 만큼 넓고 거대해요. 크노소스 궁전은 지어진 지 3300년이 지난 1900년에 발굴이 시작되었어요. 하지만 크노소스 궁전은 세계문화유산으로 인정받지 못했어요. 유럽 문명이 시작된 중요한 유적인데 왜 인정받지 못했을까요?

발굴 당시, 궁전은 몹시 부서져 있었어요. 폐허 같았지요. 발굴단은 서둘러 복원을 시작했어요. 무너지는 것을 막으려고 콘크리트 기둥을 세우고, 허물어지는 벽에 시멘트를 발랐어요. 그 바람에 고대 건축물이 가진 고유하고 독특한 특성이 현대 재료인 콘크리트와 시멘트 아래로 사라져 버렸어요. 그래서 세계문화유산으로 인정 받지 못한 채로 남아 있어요.

크노소스 궁전의 현재 모습 ⓒ나무위키

미노타우로스, 기다려!

미노타우로스에게 가는 길을 테세우스에게 알려주세요.

02

미노타우로스는 포세이돈의 저주를 받고 태어난 괴물이에요.
이와 반대로 포세이돈의 사랑을 받았기 때문에
흉측하게 변해버린 괴물도 있어요. 누구일까요?

❶ 메두사　　　❷ 아르고스

 포세이돈의 사랑을 받아 흉측하게 변해버린 괴물은 ❶ **메두사**예요.

꿈틀꿈틀 뱀 머리카락 괴물

메두사

마주치면 돌이 되는 눈

꿈틀꿈틀
징그러운 뱀 머리카락

날카로운 이빨

원래는
아름다운 여인

메두사는 처음부터 괴물이 아니었어요?
메두사는 아테나 여신을 모시는 아름다운 여인이었어요. 머리카락이 특히 아름다웠죠. 바다의 신 포세이돈은 그녀에게 반해버렸어요. 포세이돈과 메두사는 아테나 여신의 신전에서 사랑을 속삭였어요. 아테나는 이 사실을 알고 크게 노여워했어요. 그래서 메두사를 괴물로 만들어버린 거예요.

아테나 여신은 왜 그렇게 화가 났어요?
아테나 여신은 결혼하지 않은 처녀 신이었기 때문에 신전도 결혼하지 않은 여인들의 공간이었어요. 아테나는 남녀의 사랑으로 신전이 오염되었다고 여긴 거지요.

메두사는 어떻게 변했어요?
메두사의 아름다웠던 머리카락이 한 올 한 올 징그러운 뱀으로 변해서 꿈틀거렸어요. 눈은 튀어나올 것처럼 커졌고 송곳니는 멧돼지처럼 길게 자랐고요. 특히 메두사의 눈은 가장 치명적[1]이었어요. 누구든 메두사와 눈이 마주치기만 하면 돌로 굳어버렸거든요. 메두사는 세상에서 가장 혐오스럽고 위협적[2]인 괴물이 되고 말았어요.

> 1) **치명적** 생명을 위협하는, 중요하게 영향을 주는
> 2) **위협적** 으르고 협박하는 듯한

누구세요?   **아테나** 전쟁과 지혜의 여신   **포세이돈** 바다의 신

위협적인 메두사를 죽일 수 있는 사람이 있을까요? 어느 날 페르세우스라는 청년이 메두사를 없애기 위해 길을 나섰어요. 페르세우스는 제우스의 아들이에요. 제우스와 인간 다나에 사이에서 태어났지요. 다나에의 아버지는 손자가 자신을 죽일 것이라는 신탁[3]을 받아요. 그래서 손자 페르세우스와 딸 다나에를 나무 상자에 넣어 강에 던져버렸어요. 다행히도 상자는 어부에게 발견되어서 두 사람은 목숨을 구할 수 있었죠. 시간이 흘러 페르세우스가 성장했을 때였어요. 다나에를 계속 지켜봤던 왕이 있었어요. 그는 아름다운 다나에와 결혼하고 싶었지만 페르세우스가 걸림돌이었죠. 왕은 페르세우스에게 메두사를 죽이라는 명령을 내렸어요. 괴물 메두사를 죽이려고 했던 사람들은 모두 죽었으니까 페르세우스도 살아서 돌아오지 못할 거라고 생각했던 거예요. 하지만 페르세우스는 제우스의 아들답게 메두사를 죽이고 당당하게 돌아왔어요.

③ **신탁** 신의 예언

페르세우스는 어떤 방법으로 메두사를 죽였어요? 페르세우스는 신들에게 도움을 청했어요. 신들은 기꺼이 도와줬지요. 지하의 신 하데스는 쓰면 투명 인간이 되는 투구[4]를 빌려줬어요. 신들의 전령[5]인 헤르메스는 날개 달린 샌들을 건넸어요. 어디든 날아갈 수 있는 신발이에요. 제우스는 크고 긴 칼을 주었고 아테

④ **투구** 군인이 전투할 때 머리에 쓰는 쇠로 만든 모자
⑤ **전령** 명령을 전하는 사람

누구세요?

페르세우스 제우스의 아들. 메두사를 죽인 영웅
제우스 신들의 신　　**다나에** 페르세우스의 엄마
하데스 지하, 저승의 신　　**헤르메스** 신들의 전령. 상업의 신

나도 방패를 내주었어요. 게다가 결정적인 힌트까지 주었어요. 메두사의 눈을 직접 보지 말고, 방패에 비치는 모습을 보며 공격하라고 말이에요. 페르세우스는 신들의 도움을 받아 메두사를 해치울 수 있었어요.

메두사는 죽어서도 사람을 돌로 만들 수 있나요? 페르세우스가 왕에게 돌아가서 메두사를 죽였다고 하자, 왕은 거짓말이라고 생각했어요. 메두사를 직접 보지 않으면 믿을 수 없다고 말했어요. 페르세우스는 주머니에 담긴 메두사를 번쩍 꺼내 들었죠. 그 순간, 왕은 딱딱한 돌덩이로 굳어버렸어요. 메두사의 뱀 머리카락은 죽지 않고 쉭쉭거리며 꿈틀거렸고 돌로 만드는 능력도 여전히 남아 있었던 거예요. 죽은 메두사의 피에서는 새로운 생명체가 태어나기도 했어요.

메두사의 피에서 생명체가 만들어졌다고요? 페르세우스가 메두사의 목을 벴을 때, 엄청나게 많은 피가 흘러나왔어요. 그 피에서 하늘을 나는 말인 페가수스와 거인 크리사오르가 튀어나왔어요. 메두사의 목을 들고 돌아가는 길에 아프리카 부근을 지날 때였어요. 메두사의 피가 아프리카 땅에 떨어졌는데 그곳에서 수많은 독사가 생겨났어요. 뱀들의 왕인 괴물 바실리스크도 이렇게 태어났지요.

누구세요?

페가수스 하늘을 나는 말 **크리사오르** 메두사의 피에서 태어난 거인
바실리스크 뱀들의 왕

손자에게 죽을 것이라는 신탁을 받은 다나에의 아버지는 어떻게 됐어요? 페르세우스는 우연히 이웃나라에 갔다가 원반 던지기 시합에 나갔어요. 그가 원반을 던진 순간, 갑자기 강한 바람이 불더니 날아가는 원반의 방향이 바뀌었어요. 원반은 관중석에 앉아 있는 한 노인에게 날아갔죠. 노인은 원반에 맞아 죽고 말았어요. 이 노인의 정체를 알면 깜짝 놀랄 거예요.

그 노인이 누구예요? 그 노인은 바로 페르세우스의 할아버지이자 다나에의 아버지였어요. 신탁이 두려웠던 왕은 자신의 나라를 떠나 떠돌아다니고 있었거든요. 하지만 신탁을 피할 수는 없었어요.

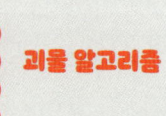

괴물 알고리즘

이지스함의 별명은 '신의 방패'

메두사를 죽이는 데 가장 중요한 역할을 한 무기는 아테나의 방패였어요. 방패에 비친 메두사를 보며 죽일 수 있었으니까요. 아테나의 방패는 '아이기스'라고 불러요. 흔들면 폭풍우가 일고, 벼락을 맞아도 깨지지 않아요. 어떤 창도 막아내는 방패였지요.

세종대왕함 ⓒ위키백과

무엇이든 막아내는 아테나의 방패인 아이기스의 이름을 딴 무기체계[1]가 있어요. 바로 이지스 시스템이에요. 아이기스를 영어식으로는 이지스라고 읽어요. 이지스 시스템은, 목표물을 찾아서 파괴하는 과정을 하나의 시스템에 포함시킨 미국 해군의 종합 무기 시스템이에요. 이지스 시스템이 갖추어진 군사용 배를 이지스함이라고 해요. 2007년에 제작된 세종대왕함은 우리나라 최초의 이지스함이에요. 세종대왕함은 수백 킬로미터 이상 떨어진 곳에서도 적의 항공기나 미사일을 발견하여 요격[2]할 수 있을 정도로 방어력이 뛰어나요. 그래서 '꿈의 함정[3]'이나 '신의 방패'라고 부르고 있어요.

1 **무기체계** 특정한 목적을 이루기 위해 구성된 무기와 주요 장비를 부르는 용어
2 **요격** 공격해오는 대상을 기다리고 있다가 도중에서 맞받아침
3 **함정** 군사용 배

숫자마다 다른 색을 칠해 그림을 완성하세요.
누구의 모습이 보이나요? (4번은 빨강색으로 칠해보세요!)

1. 흰색 ☐ 2. 살구색 ▨ 3. 노랑 ☐ 4. 빨강 ■ 5. 연두 ☐ 6. 초록 ▨ 7. 검정 ■

※ 1번은 색칠하지 않아도 됩니다.

03

눈을 마주치기만 해도 돌로 굳게 만드는 메두사가
흘린 피에서 태어났어요.
커다란 날개를 가진 하얀 말이에요.
누구일까요?

❶ 페가수스   **❷ 크산토스**

메두사의 피에서 태어난 하얀 말은 **❶ 페가수스**예요.

메두사의 피에서 태어난 백마

페가수스

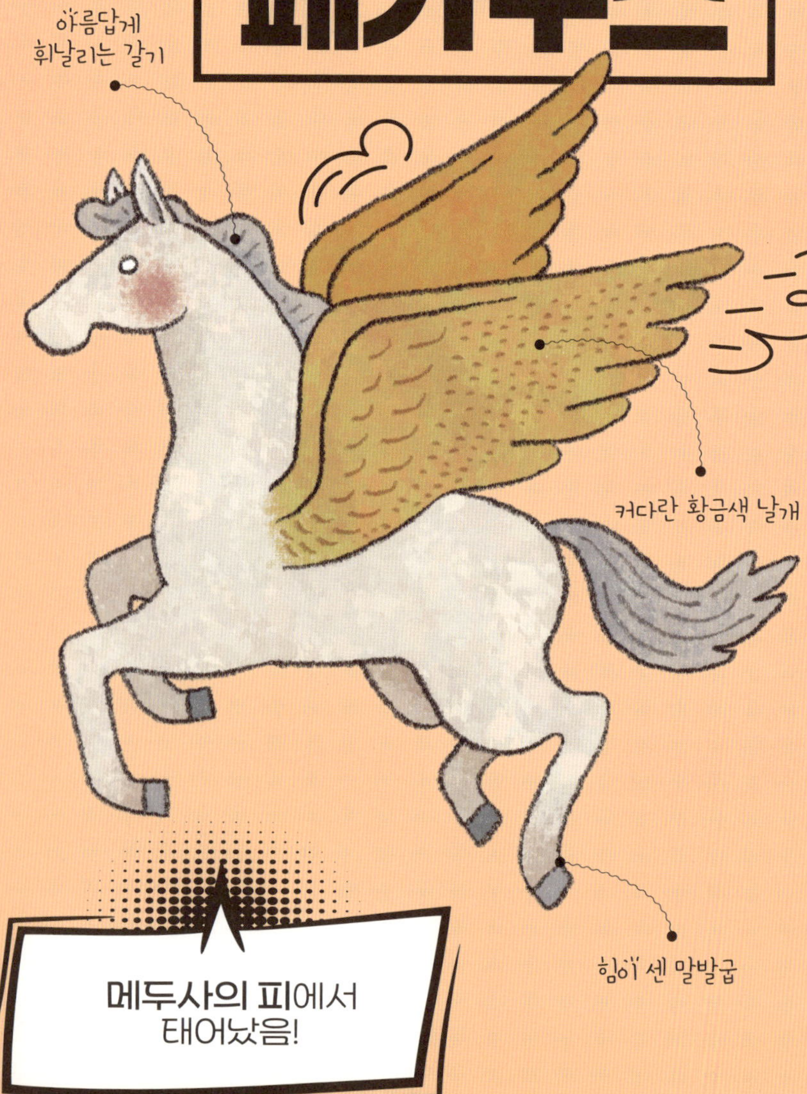

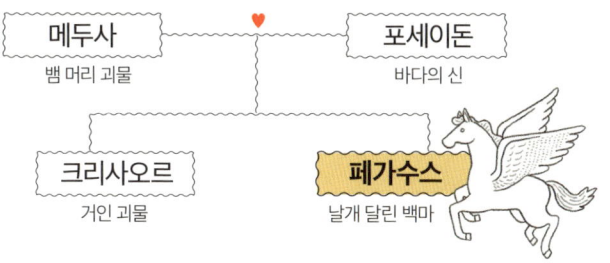

```
메두사 ──────── ♥ ──────── 포세이돈
뱀 머리 괴물              바다의 신
    │                      │
    └──────────┬───────────┘
          │         │
      크리사오르    페가수스
      거인 괴물    날개 달린 백마
```

페가수스는 메두사의 자식이에요?　페가수스는 포세이돈과 메두사 사이에서 태어났어요. <u>페르세우스</u>가 메두사의 목을 벴을 때 엄청난 양의 피가 흘러나왔는데, 그 피에서 페가수스와 <u>크리사오르</u>가 튀어나왔어요. 페가수스는 커다란 황금빛 날개가 달린 백마이고 크리사오르는 거대한 거인이에요.

페가수스는 하늘을 나는 말이에요?　맞아요. 페가수스는 하늘을 자유롭게 날 수 있는 황금빛 날개가 달린 새하얀 말이에요. 바람보다 빨리 날 수 있고, 땅에서도 놀라운 속도로 달릴 수 있어요. 신화에 등장하는 어떤 괴물도 따라잡을 수 없을 만큼이요. 페가수스는 아무리 날아도 지치지 않아요. 힘도 매우 세서 페가수스가 말발굽을 휘두르면 대단히 위협적이었어요. 말발굽으로 공격하면 산이 무너질 정도였거든요.

산이 무너진 적이 있어요?　그리스 북쪽에 마케도니아라는 국가가 있어요. 마케도니아에는 아홉 명의 공주가 있었는데 노래를

페르세우스 메두사를 죽인 영웅. 제우스의 아들
크리사오르 메두사의 피에서 태어난 거인

무척 잘했어요. 공주들은 음악의 여신인 <u>뮤즈</u>들과 노래 실력을 겨루어 보고 싶었어요. 노래 실력에 자신 있었거든요. 아홉 공주와 뮤즈들과의 노래 대결이 열렸어요. 뮤즈들로서는 어이가 없었지요. "인간 따위가 감히 신에게 도전하다니!" 하지만 이 대결에서 지게 되면 음악의 여신으로서의 체면을 잃게 되고 말아요. 뮤즈들은 명예를 걸고 노래했어요. 노래를 부르자 그녀들이 살고 있는 헬리콘산이 흥에 겨워서 덩실덩실 춤을 췄어요. 그 바람에 헬리콘산이 점점 커지더니 위로 솟아오르기 시작했어요.

헬리콘산이 솟아오르다가 폭발했어요? 헬리콘산이 점점 부풀어오르자 신들이 겁을 먹었어요. 산이 무너지거나 지진이 날 수도 있으니까요. 신들은 다급하게 페가수스를 산으로 내려보냈어요. 페가수스는 헬리콘산의 꼭대기로 날아가 두 발로 있는 힘껏 산을 내리쳤어요. 산의 꼭대기는 움푹 파였고 그곳에 샘이 생겼어요. 이 샘을 '<u>히포크레네 샘</u>'이라고 불러요. 페가수스가 만든, '말의 샘'이라는 뜻이에요.

아홉 공주와 뮤즈의 노래 대결에서 누가 이겼어요? 뮤즈의 승리였어요. 하지만 아홉 공주들은 이를 받아들이지 않았어요. 자신들에게 노래로 도전한 것도 모자라, 결과마저 인정하지 않자 뮤즈들은 화가 났어요. 그래서 아홉 공주를 까치로 만들어버렸어요. 까치는 '숲속의 험담꾼'이라는 별명을 가지고 있어요.

뮤즈 음악의 여신들
히포크레네 샘 페가수스가 두 발로 내리친 헬리콘산의 꼭대기에 생긴 샘

페가수스는 착한 괴물이에요? 착한 괴물이에요. 페가수스는 벨레로폰이라는 영웅을 도와 무시무시한 괴물들을 물리쳤어요. 벨레로폰은 고대 그리스의 도시국가인 코린토스의 왕자예요. 페가수스가 벨레로폰과 함께 괴물 키마이라를 물리친 이야기가 가장 유명해요.

괴물을 죽이는 벨레로폰을 페가수스가 왜 도왔어요? 키마이라는 아무도 죽일 수 없다고 여길 만큼 사납고 강한 괴물이에요. 벨레로폰은 예언자를 찾아가 괴물을 물리칠 수 있는 방법을 물었어요. 그러자 이렇게 대답했어요. "페가수스를 이기는 사람만이 키마이라를 물리칠 수 있을 것이오." 벨레로폰은 페가수스를 길들여서 괴물을 함께 물리쳐야겠다고 생각했어요. 하지만 페가수스가 어디에 있는지 전혀 알 수가 없었어요.

페가수스를 어떻게 찾아냈어요? 페가수스가 있는 곳을 아는 사람은 한 명도 없었어요. 벨레로폰은 곰곰이 궁리했어요. "사람들이 모른다면, 님프들은 알 수도 있지!" 벨레로폰은 헬리콘산으로 갔어요. 헬리콘산은 숲이 깊고 우거진 데다 샘이 많았어요. 님프들이 머물고 있다는 이야기를 들었거든요. 헬리콘산에 페가수스가 만든 샘이 있다는 거 알고 있지요? 벨레로폰이 드디어 히포크레네 샘에 도착했어요!

누구세요?

벨레로폰 코린토스의 왕자. 괴물 키마이라를 죽인 영웅
키마이라 사자, 염소, 뱀 모습을 가진 괴물

히포크레네 샘에서 페가수스를 만났나요? 벨레로폰은 히포
크레네 샘에서 아름다운 님프들을 만났어요. 님프들은 페이레네
샘으로 가보라고 말하며 이렇게 경고했어요. "페가수스는 사람
이 가까이 오는 것을 용서하지 않아요. 절대로 올라타면 안 돼요.
목숨을 잃을 수도 있어요!"

벨레로폰은 페가수스에게 다가갈 방법을 찾아냈어요? 벨레
로폰은 페이레네 샘으로 가는 길에 아테나 신전을 발견했어요.
아테나는 벨레로폰에게 페가수스를 길들일 수 있는 선물을 주었
어요. 그것은 바로 황금 고삐였어요. 벨레로폰은 페이레네 샘으
로 달려가 황금 고삐를 손에 쥐고 페가수스를 기다렸어요. 마침
내 페가수스가 나타나자 재빨리 황금 고삐를 목에 걸어 유순하
게 길들였어요. 벨레로폰은 눈처럼 새하얀 페가수스를 타고 날
아가 괴물 키마이라를 해치웠어요.

키마이라를 죽인 뒤 페가수스는 어떻게 됐어요? 페가수스는
다른 영웅들을 도와 못된 괴물들을 물리쳤어요. 나중에는 올림
포스로 올라가 신들과 함께 살았어요. 제우스가 폭풍우를 만들
면 페가수스는 천둥과 번개를 실어 날랐지요. 페가수스가 죽자,
제우스는 밤하늘의 별자리로 만들어 주었어요. 페가수스자리는
가을밤 북쪽 하늘을 지키고 있어요.

페이레네 샘 페가수스가 머무는 샘

페가수스가 만든 샘이 정말 있을까?

벨레로폰이 페가수스를 만난 페이레네 샘은 지금도 남아있어요. 페이레네 샘은 슬픈 사연을 가지고 있어요. 페이레네는 아름다운 님프의 이름이에요. 포세이돈과 사랑하는 사이였는데 둘 사이에서 아들이 태어났어요. 하지만 아들은 아르테미스[1] 여신 때문에 죽고 말아요. 아르테미스가 원반을 던졌는데 불행하게도 그 원반에 맞아 목숨을 잃었거든요. 페이레네는 크나큰 슬픔에 빠져서 끝없이 눈물을 흘렸어요. 울고 또 울다가 결국 온몸이 녹아내렸어요. 눈물로 녹아내린 페이레네는 샘이 되었지요. 코린토스는 가뭄이 극심한 도시였어요. 그런데 페가수스가 머물며 물을 먹은 페이레네 샘은 한 번도 마른 적이 없다고 해요.

(1) **아르테미스** 사냥의 여신

페이레네 샘 ©Carole Raddato_WIKIPEDIA

페가수스에 대한 설명이 적힌 상자가 있어요.
올바르게 연결되는 상자끼리 같은 색으로 색칠하세요.

페가수스는

메두사와	달려있고	키마이라를 죽였어요
커다란 황금빛 날개가	도와	태어났어요
말발굽으로	유니콘은	뿔이 있어요
벨레로폰을	포세이돈 사이에서	바람보다 빨라요
날개가 있고	번개와 천둥을	산이 무너졌어요
제우스의	내리치면	나르는 일을 했어요

04

?

벨레로폰이 페가수스를 타고 이 괴물을 죽이러 갔어요.
이 괴물의 이름은 무엇일까요?

① 케르베로스　　② 키마이라

벨레로폰이 페가수스와 함께 죽인 괴물은 ② **키마이라**예요.

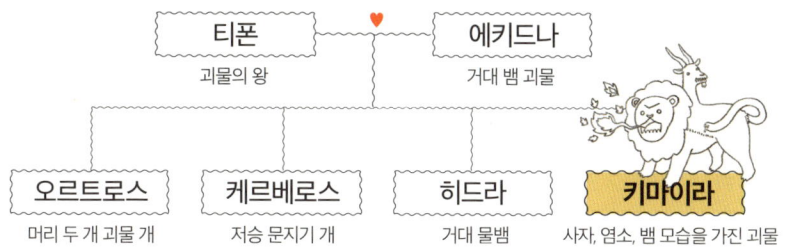

티폰		에키드나
괴물의 왕		거대 뱀 괴물

오르트로스	케르베로스	히드라	**키마이라**
머리 두 개 괴물 개	저승 문지기 개	거대 물뱀	사자, 염소, 뱀 모습을 가진 괴물

키마이라는 어떻게 생겼어요? 키마이라는 세상에서 가장 강한 괴물인 티폰과 에키드나 사이에서 태어났는데 여러 동물이 섞인 독특한 외모를 가졌어요. 머리는 사자이고 몸통은 염소이며 꼬리는 뱀의 모습이에요. 저마다 머리를 가지고 있어서 다른 동물의 머리가 세 개나 되고요. 사자처럼 갈기가 있고, 사자의 다리에 사자 발톱이 나 있고요. 몸은 염소 털로 뒤덮여 있어요. 눈은 회색이고 꼬리는 뱀이에요.

키마이라는 위험한 괴물이에요? 강력한 괴물 부모의 능력을 물려받은 키마이라는 무척 교활하고 위험한 괴물이에요. 염소 머리는 간사하고 꾀가 많고요. 꼬리 쪽에 있는 뱀은 두껍고 긴 목으로 상대를 조여서 죽일 수 있어요. 사자의 발톱은 칼처럼 날카로워요. 사람들은 재앙을 몰고 오는 괴물이라고 생각해서 무척 두려워했어요. 힘이 엄청나게 세서 키마이라에게 붙잡히면 사람

티폰 괴물의 왕. 키마이라 아버지
에키드나 거대한 뱀 괴물. 키마이라 어머니

이든 짐승이든 절대로 빠져나올 수 없었어요. 화산처럼 불을 내뿜어서 농작물과 숲도 모조리 태워버렸고요. 키마이라가 지나간 곳은 모든 것이 사라지고 재만 남았지요. 그래서 키마이라가 나타나면 폭풍우가 몰아치거나 화산이 폭발하고, 배가 침몰하는 재난의 징조[1]라고 여기게 되었어요.

(1) **징조** 미리 보이는 낌새

키마이라는 어디에 살아요?   키마이라는 그리스 북쪽 리키아 왕국에 살았어요. 키마이라가 사는 마을은 나무 한 그루, 풀 한 포기 없이 황폐했어요. 키마이라가 불을 내뿜어서 모두 태워버렸기 때문이죠. 사람들을 잡아먹고 마을을 불태웠기 때문에 사람들은 키마이라가 사라지기를 간절히 바랐어요. 그래서 씩씩한 젊은이들이 키마이라를 처치하러 가곤 했지요. 하지만 단 한 사람도 돌아오지 못했어요.

벨레로폰도 마을을 지키기 위해 키마이라를 죽이러 갔어요? 키마이라 때문에 걱정이 가장 큰 사람은 리키아의 왕이었어요. 괴물을 해치울 용감한 사람이 나타나길 기다렸죠. 그러던 어느 날, 벨레로폰이라는 젊은이가 편지를 들고 왕궁에 왔어요. 그 편지는 왕의 사위가 보냈는데 벨레로폰을 죽여달라는 내용이었어요.

자신을 죽이라는 편지를 들고 온 거예요?   맞아요. 벨레로폰은 내용을 전혀 알 수 없었으니까요. 편지에는 이렇게 쓰여 있었어요. "이 사람은 대단히 용감한 젊은이입니다. 하지만 벨레로폰은 당신의 딸이자 나의 아내인 <u>스테네보이아</u>를 유혹하려고 했습니다. 용서할 수 없으니 이 자를 죽여주십시오."

벨레로폰이 나쁜 짓을 했다는 내용이네요? 편지의 내용은 그랬지만 사실은 정반대였어요. 유혹하려고 한 사람은 벨레로폰이 아니라 왕의 딸인 스테네보이아였거든요. 스테네보이아는 벨레로폰을 보고 한눈에 반했어요. 하지만 벨레로폰은 그녀를 거절했지요. 모욕을 당했다고 여긴 스테네보이아는 남편에게 거짓말을 했어요. 벨레로폰이 자신을 유혹했다고 말이죠. 이 말을 들은 왕은 자신의 왕궁에 머문 손님을 죽일 수는 없으니 리키아 왕에게 부탁한 거였어요.

리키아의 왕이 벨레로폰을 죽였나요? 편지를 읽은 리키아 왕은 난처해졌어요. 손님을 죽이면 복수의 여신에게 화를 입을 수도 있거든요. 리키아 왕은 벨레로폰에게 키마이라를 없애달라고 부탁했어요. 키마이라를 죽이러 간 젊은이들은 모두 돌아오지 못했으니까 벨레로폰도 죽을 거라고 생각했던 거예요. 벨레로폰은 자신을 죽이려는 속셈도 모른 채 키마이라를 죽이러 길을 떠났지요.

벨레로폰은 어떻게 키마이라를 찾아냈어요? 벨레로폰은 페가수스를 타고 키마이라를 찾으러 날아올랐어요. 페가수스를 어

누구세요?

스테네보이아 리키아 왕의 딸.
벨레로폰이 자신을 유혹하려고 했다고 거짓말함

떻게 찾았는지 페가수스 편에서 읽었지요? 키마이라가 사는 곳을 찾는 것은 어렵지 않았어요. 리키아 왕국은 활기차고 풍요로운 나라였어요. 산에는 초록빛 나무들이 빼곡했고 넓은 들판에는 아름다운 꽃과 싱싱한 곡식이 자라고 있었지요. 하지만 키마이라가 머무는 곳은 달랐어요. 주변이 시커멓게 불타 있었거든요. 그리고 마침내 연기가 솔솔 새어 나오는 동굴을 찾아냈어요. 그곳에 키마이라가 살고 있었어요!

키마이라를 어떻게 죽였어요?

키마이라를 발견한 페가수스는 괴물이 사는 동굴 근처로 사뿐히 내려앉았어요. 키마이라도 기척[2]을 느끼고 동굴 밖으로 걸어 나왔죠. 바로 그때 벨레로폰이 키마이라에게 화살을 쏘았어요. 페가수스가 높이 날아올랐기 때문에 벨레로폰은 키마이라의 공격을 피해 가며 화살을 퍼부을 수 있었어요. 하지만 화살은 키마이라의 두꺼운 피부를 뚫지 못했어요. 오히려 뿜어대는 불에 모두 불타버렸지요. 벨레로폰은 마지막 방법을 쓰기로 했어요.

2) **기척** 사람이 있는 것을 알게 하는 소리

벨레로폰의 마지막 방법이 뭐예요?

벨레로폰은 창의 뾰족한 끝에 납을 꽂았어요. 그런 다음, 페가수스와 함께 낮게 날며 키마이라의 입 속으로 창을 던져넣었어요. 창은 키마이라의 목구멍에 정확히 꽂혔어요. 키마이라는 본능적으로 불을 내뿜었어요. 목구멍에 박힌 납은, 자신이 내뿜는 뜨거운 불에 녹아서 뱃속으로 흘러 들어갔어요. 뱃속이 다 타버린 키마이라는 마침내 죽고 말았어요.

깊은 바다에 키마이라가 산다!

이 물고기는 깊은 바다에 사는 은상어예요. 은상어의 별명은 '유령 상어'예요. 창백한 눈동자와 쥐의 꼬리 같은 길고 가는 꼬리지느러미를 가지고 있어요. 피부를 바느질로 이어 붙인 것 같은 자국이 있고요. 이처럼 여러 생물을 합쳐놓은 듯한 외모를 가졌기 때문에, 유령 상어를 키메라라고 부르고 있어요. 키마이라를 키메라라고 부르기도 해요. 키메라란, 다른 생물이 혼합된 생명체를 부르는 명칭이에요. 사자와 염소와 뱀이 혼합된 괴물인 키마이라에서 유래했지요.

유령 상어는 1800미터 이상의 깊은 바다에 살고 있어요. 그래서 유령 상어는 커다란 눈을 가지고 있어요. 빛을 모으기 위해 진화한 것으로 추측해요. 머리에 난 작은 구멍들은 먹이가 어디 있는지 찾아내는 감각기관이라고 해요. 창백한 눈동자의 은상어가 깊고 어두운 바다를 헤엄치는 모습은 어둠 속 유령과 닮았을 것 같아요. '유령 상어'라는 별명과 어울리죠?

은상어 ⓒ미국 국립해양대기청(NOAA)

참고 | 심해 '키메라' 유령 상어 첫 촬영, "신화 같은 존재" (2016.12.18_뉴스1)
'살아있는 화석' 전설의 신종 '유령 상어' 태국 심해서 발견 (2024.03.25_나우뉴스)

말풍선 속의 동그라미를 채워주세요.

내 이름은 ○○○○!
머리는 ○○, 몸통은 염소,
꼬리는 ○인 무서운 괴물이지.

_____ , _____ , _____

어느 날, 나를 잡겠다며 용감한
용사가 ○○○○를 타고 왔어.
그 용사의 이름은 ○○○○이었지.

_____ , _____

화가 나면 화산처럼
뜨거운 ○을 내뿜지. 그리고
날카로운 ○○으로
갈기갈기 찢어버려.

_____ , _____

가장 강력한 불을 내뿜었지만, 용사는
○을 꽂은 창을 내 ○○○에 던졌어.
아아, 나는 사라질 수밖에 없었어.

_____ , _____

05 ?

키마이라, 케르베로스, 히드라는
같은 부모에게서 태어났어요.
'괴물 중의 왕'이라는 별명을 가진 이 괴물은 누구일까요?

❶ 티폰　　　❷ 미노타우로스

키마이라, 케르베로스, 히드라를 낳은 괴물은 ❶ 티폰이에요.

괴물의 왕, 최강 괴물
티폰

거대한 날개

뱀 100마리

인간의 상반신

따리를 튼 뱀 하반신

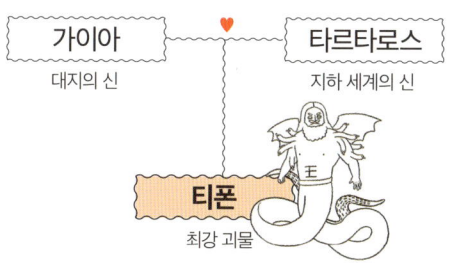

가이아		타르타로스
대지의 신		지하 세계의 신

티폰
최강 괴물

티폰은 어떻게 생겼어요? 상반신은 인간이고 하반신은 똬리를 튼 뱀의 모습이에요. 거대한 날개가 달려있고 온몸에는 깃털이 나 있는데 항상 휘날리고 있어요. 몸 주변에서 언제나 폭풍이 일고 있거든요. 어깨와 팔에는 뱀 머리가 100개나 솟아 있어요. 뱀의 눈에선 불꽃이 번쩍였고요. 티폰은 '괴물 중의 왕'이라는 별명을 가지고 있어요.

티폰은 얼마나 커요? 벌떡 일어서면 머리가 하늘에 닿을 정도로 컸어요. 별에 부딪힐 만큼이요. 팔을 쭈욱 뻗으면 한쪽은 세상의 서쪽 끝에, 다른 쪽은 동쪽 끝에 닿을 만큼 길었어요.

이렇게 거대한 괴물이 어떻게 태어났어요? 티폰이 태어난 건 제우스와 관계가 있어요. 제우스의 아버지는 크로노스인데, 태어날 자식들이 자기를 죽일 것이라는 신탁을 받았어요. 두려웠던 크로노스는 자식들이 태어나기만 하면 모두 잡아먹어버렸어요. 딱 한 명, 제우스만 살아남았지요. 제우스는 아버지인 크로노스

크로노스 제우스의 아버지

와 전쟁을 벌여서 이기고, 크로노스와 티탄족을 지하 세계인 타르타로스에 가두어버렸어요. 이 사실을 알고 크로노스와 티탄족의 어머니인 가이아는 분노했어요. 가이아는 올림포스 신들을 모두 없애버리기 위해 지하 세계의 신인 타르타로스와의 사이에서 가장 거대하고 제일 강력한 괴물을 낳았어요. 그 괴물이 바로 티폰이에요.

티폰은 어떤 능력을 가지고 있었어요? 티폰은 그리스 로마 신화에서 가장 막강한 힘을 가진 괴물이에요. 티폰이 날개를 활짝 펴면 태양이 가려져서 세상이 어둠에 빠졌어요. 뱀의 꼬리로 땅을 치면 지축[1]이 흔들리며 지진이 일어났고요. 바다를 지나가면 사나운 폭풍우가 몰아쳤어요. 티폰이 스쳐 지나간 곳은 모든 것이 파괴되었죠. 그래서 모든 것을 날려버리는 자연재해의 어원[2]이 되었어요. 7~9월 사이에 발생하여 우리나라를 포함한 아시아 대륙에 큰 피해를 주는 태풍은 티폰에서 가져온 이름이에요. 태풍은 영어로 타이푼(Typhoon)이라고 해요.

1) **지축** 지구의 자전축. 대지의 중심
2) **어원** 말이 생겨난 근원

티폰은 제우스를 공격했나요? 그래요. 티폰은 제우스와 신들이 사는 올림포스산을 공격했어요. 어찌나 강하고 무서웠는지 신들은 행여 들킬세라 동물의 모습으로 변신해서 후다닥 도망쳤어

누구세요?

티탄족 올림포스 신들이 등장하기 전에 세상을 지배한 신의 종족
타르타로스 지하 세계의 신이면서 동시에 지하 세계를 상징함
가이아 대지의 신

요. 아테나만이 도망치지 않고 산을 지키고 있었지요. 제우스마저도 숫양으로 모습을 바꿔 도망쳤어요. 하지만 얼마 지나지 않아 제우스는 아테나에게 부끄러운 마음이 들었어요. 그래서 자신의 무기인 벼락과 아버지인 크로노스가 사용한 낫을 들고 돌아왔어요. 번개를 던지고 낫을 휘두르며 티폰을 공격했죠.

제우스가 티폰을 죽였어요? 티폰은 별명 그대로, 괴물 중의 왕이었어요. 티폰은 물러서지 않았고 오히려 뱀 꼬리로 제우스를 칭칭 감아서 묶어버렸어요. 게다가 제우스가 들고 있는 낫을 빼앗아 팔다리의 힘줄을 모두 끊어버렸어요. 잘라낸 힘줄은 곰의 가죽으로 둘둘 말아서 동굴 속에 감춰버렸죠. 제우스는 공격하기는커녕 꼼짝할 수도 없게 되었지요.

힘줄을 잘린 제우스가 티폰에게 졌어요? 곤경에 처한 제우스 앞에 헤르메스와 판이 나타났어요. 그러고는 동굴 속에 감춰진 제우스의 힘줄을 되찾아 왔지요. 헤르메스가 제우스의 몸에 힘줄을 다시 붙여주자, 제우스는 잃어버렸던 힘을 되찾았어요. 티폰이 괴물 중의 왕이라면, 제우스는 신 중의 왕이잖아요. 제우스는 하늘을 날아가는 전차를 향해 번개를 던졌어요. 날개 달린 말들이 끄는 그 전차에 티폰이 타고 있었거든요. 꼼짝 못할 줄 알았던 제우스가 공격하자 티폰은 당황했어요. 그래서 운명의 여신에게 제우스를 이길 수 있는 방법을 물었어요.

헤르메스 제우스의 아들이자 신들의 전령. 상업의 신. 거짓말, 도둑의 신
판 인간과 염소가 섞인 제우스의 아들

운명의 여신이 티폰에게 방법을 알려주었나요? 운명의 여신은 티폰에게, '하루살이 열매'를 먹으라고 말했어요. 티폰은 하루살이 열매를 얼른 먹었어요. 그런데 하루살이 열매를 먹자마자 힘이 약해지는 거예요! 그 틈을 노린 제우스는 번개를 날리며 공격을 멈추지 않았죠. 티폰은 제우스를 피해 이탈리아 시칠리아 섬까지 도망쳤어요. 끝까지 쫓아간 제우스는, 시칠리아의 산을 뽑아서 티폰에게 던졌어요. 티폰은 산에 깔리고 말았어요. 하지만 최강 괴물인 티폰은 산에 깔렸으면서도 죽지 않고 살아서 꿈틀거렸어요. 티폰이 숨 쉴 때마다 산 위로 불꽃이 솟아올랐죠. 티폰이 깔린 산은, 시칠리아 섬에 있는 에트나 화산이에요. 에트나 화산은 여전히 살아있는 활화산이고 유럽에서 가장 높은 화산이에요. 시칠리아 사람들은 에트나 화산이 활동을 시작하면 티폰이 몸부림친다고 생각해요.

티폰은 하루살이 열매를 먹고 왜 힘이 약해졌을까요? 운명의 여신이 속임수를 썼기 때문이에요. 하루살이 열매란, 인간이 먹는 음식을 말해요. 신들에게 인간의 수명은 아주 짧은 시간이어서 하루를 사는 생명체라고 여겼기 때문이에요. 신들 사이에서 태어난 거대한 괴물인 티폰이 하찮은 인간의 음식을 먹었기 때문에 힘이 약해진 것이지요. 티폰은 결국 패배했지만 제우스를 꺾은 적이 있는 유일한 괴물이에요.

누구세요?

시칠리아 섬 이탈리아 남부의 섬. 에트나 화산이 있음

괴물급 무기로 부활한 티폰

미국에는 티폰이라고 부르는 무기가 있어요. '티폰 무기체계[1](Typhon Weapon System)'인데, 줄여서 TWS라고 불러요. 원래의 기능을 나타낸 다른 이름이 있지만, 티폰이라는 무시무시한 별칭으로 부르는 데에는 이유가 있어요. 이 무기체계가 티폰처럼 정말 빠르고 정확하기 때문이에요! 예를 들어, 370km나 멀리 떨어진 곳에 적의 배나 건물이 있거나, 심지어 하늘을 나는 비행기가 있다고 생각해볼까요? 티폰 무기체계는 단 5분 이내에 그 목표물을 파괴할 수 있대요. 조작하기도 쉽고 간단한데, 목표물을 정확하고 빠르게 없애는 거죠. 신화 속 최강 괴물인 티폰이라는 이름과 잘 어울리는 것 같지요?

> [1] **무기체계** 특정한 목적을 이루기 위해 구성된 무기와 주요장비를 부르는 용어

컨테이너를 실은 트레일러처럼 보이는 티폰 무기체계 ©미 육군

참고 | 북한·중국엔 공포, 한국엔 기회… 미국의 괴물급 신무기가 온다 (2023.07.11_한국일보)

질문을 읽고 올바른 답을 고르세요.

1. 빈칸에 들어갈 알맞은 답을 쓰세요.

> _____ 은 그리스 로마 신화에서 가장 강력한 괴물이에요.
> 키마이라, 케르베로스, 히드라를 낳았어요.

① 티폰   ② 스핑크스   ③ 게리온   ④ 스킬라

2. 티폰은 무시무시하고 강력한 괴물이에요.

이 신조차도 티폰과 싸우다 도망을 가기도 했어요.

이 신은 누구일까요? _____

3. 아래 보기에서 티폰을 찾아 번호를 쓰세요. (   )

①   ②   ③   ④

4. 글을 읽고 바르게 연결되는 문장을 골라 줄을 그으세요.

티폰은 •	• 위기에 몰린 제우스에게 힘줄을 가져다주었어요.
제우스는 •	• 에키드나와 부부예요.
헤르메스는 •	• 티폰을 시칠리아 섬 에트나산 아래에 가두었어요.

52

06

괴물 최강자인 티폰의 자식은 여럿이에요.
그중 부모의 잔혹함을 물려받아
저승을 지키는 괴물 개는 누구일까요?

❶ 메두사　　　❷ 케르베로스

티폰의 잔혹함을 물려받아 저승을 지키는 괴물 개는 ❷ 케르베로스예요.

케르베로스

산 사람은
입장 금지!

빠져나갈 수 없어요!

머리가 세 개!

청동이 부딪치는
소리를 냄

죽은 영혼
환영해요!

용의 꼬리

사자 발톱

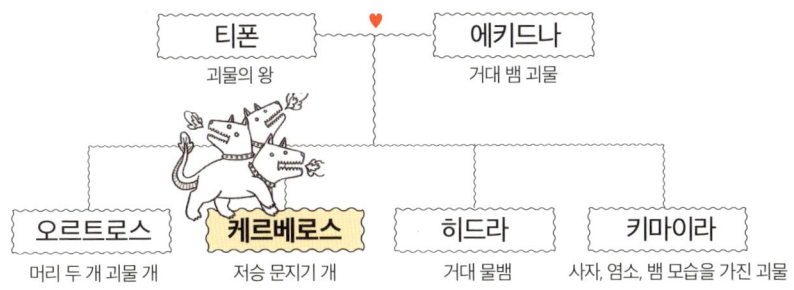

티폰		에키드나
괴물의 왕		거대 뱀 괴물

오르트로스	케르베로스	히드라	키마이라
머리 두 개 괴물 개	저승 문지기 개	거대 물뱀	사자, 염소, 뱀 모습을 가진 괴물

케르베로스는 개예요? 케르베로스는 티폰과 에키드나 사이에서 태어난 괴물 개예요. 머리가 세 개나 달려있고 사자의 발톱과 용의 꼬리를 가졌어요. 더럽고 끈적끈적한 침을 흘리며 청동이 부딪치는 것 같은 소리를 내며 짖어요.

저승 문앞에서 무엇을 해요? 케르베로스는 저승을 지키고 있어요. 저승은 죽은 뒤에 그 영혼이 가서 산다고 믿는 사후세계예요. 케르베로스의 첫 번째 머리는 죽은 영혼을 맞이하고, 두 번째 머리는 살아있는 사람이 침입하는 것을 막아요. 마지막 세 번째 머리는 지하 세계를 빠져나가려는 영혼을 감시해요. 케르베로스가 지키고 있기 때문에 지하 세계로 들어온 영혼이 절대로 빠져나가지 못해요. 살아있는 사람이 함부로 지하 세계에 들어올 수도 없었고요.

케르베로스 저승을 지키는 문지기 개
티폰 괴물의 왕, 케르베로스 아버지
에키드나 거대한 뱀 괴물, 케르베로스 어머니

살아있는 사람은 아무도 들어가거나 나가지 못했나요? 케르베로스는 교활[1]하고 냉혹[2]했어요. 저승으로 들어오는 영혼에는 꼬리와 귀를 살랑살랑 흔들어대면서 상냥하게 맞이해요. 하지만 저승을 빠져나가려는 영혼을 발견하면 그 자리에서 잡아먹었어요. 절대로 용서하지 않았지요. 살아있는 사람이 저승에 들어오는 것도 내버려두지 않았어요. 그런데 이렇게 무서운 케르베로스를 피해 저승에 들어간 사람이 있었어요.

> 1 **교활하다** 간사하고 꾀가 많다
> 2 **냉혹하다** 차갑고 혹독하다

케르베로스를 피해서 저승에 들어갔다고요? 리라[3] 연주의 달인 오르페우스가 죽은 아내를 찾으러 저승에 들어간 적이 있어요. 리라는 하프처럼 생긴 작은 현악기인데 오르페우스의 연주는 특히 아름답고 황홀했어요. 오르페우스를 발견하고 사납게 으르렁대던 케르베로스마저도 연주 소리를 듣고 잠에 빠졌을 정도였으니까요. 드르렁드르렁 코까지 골았다고 해요. 오르페우스는 케르베로스가 잠든 사이 저승문을 지나갈 수 있었어요. 또 다른 방법으로 케르베로스를 통과한 사람도 있어요. 바로 프시케였어요.

> 3 **리라** U자 모양으로 생긴 고대 그리스의 작은 현악기. 하프와 비슷한 모양

오르페우스 리라 연주의 달인. 죽은 아내를 찾으러 저승에 감

프시케는 왜 저승에 갔어요?　프시케는 아름다운 여인이었어요. 사랑의 신 에로스와 사랑하는 사이였지요. 둘은 무척 행복하게 지냈어요. 에로스는 자기가 신이라는 것을 프시케에게 알리고 싶지 않았어요. 그래서 프시케에게 부탁했죠. "내 얼굴을 보려고 하지 말아주오!" 프시케는 굳게 약속했어요. 하지만 어느 날 프시케는 에로스와 했던 약속을 어기고 말아요. 화가 나고 실망한 에로스는 말없이 프시케를 떠나버렸어요. 프시케는 에로스 때문에 저승에 가게 됐어요.

프시케는 에로스를 찾으러 저승에 간 거예요?　그건 아니에요. 약속을 어기고 몹시 후회하던 프시케는 에로스를 찾아 나섰어요. 에로스의 엄마인 아프로디테는 페르세포네의 화장품 상자를 가져오면 에로스가 있는 곳을 알려주겠다고 했어요. 하지만 페르세포네는 저승의 신 하데스의 부인이었기 때문에, 저승으로 가야 했어요. 무시무시한 케르베로스를 통과해야 하고요. 프시케는 저승으로 향했어요. 어떻게든 에로스를 만나고 싶었거든요.

프시케도 오르페우스처럼 음악으로 케르베로스를 잠들게 했나요?　프시케는 다른 방법을 썼어요. 프시케가 지하 세계의 입구에 들어가자 어김없이 케르베로스가 으르렁거리며 날뛰었어요. 프시케는 달콤한 밀가루빵을 툭 던졌어요. 마녀들이 약초를

누구세요?

프시케 에로스의 아내. 화장품을 가지러 저승에 감
에로스 사랑의 신. 아프로디테의 아들
아프로디테 미의 여신. 에로스의 어머니
페르세포네 저승의 신 하데스의 아내

넣어서 만들었는데 케르베로스가 무척 좋아하는 빵이거든요. 케르베로스가 침을 질질 흘리며 빵을 먹는 사이, 프시케는 지하 세계로 입장했어요.

프시케가 페르세포네의 화장품 상자를 받아왔나요? 안타깝게도 프시케는 성공하지 못했어요. 화장품 상자를 절대로 열어 보지 말라는 약속을 또 어기고 말았거든요. 프시케가 화장품 상자를 살짝 열자, 그 안에서 죽음과 같은 잠이 쏟아져 나왔어요. 프시케는 영원한 잠에 빠져들고 말았지요.

케르베로스를 이길 수 있는 사람은 없어요? 있어요! 바로 영웅 헤라클레스예요. 헤라클레스는 케르베로스를 지상으로 데려가야 하는 임무를 받았어요. 지하의 괴물을 지상으로 데려가는 건 있을 수 없는 일이었지요. 하지만 지하 세계의 신 하데스는 허락했어요. 단, 무기를 쓰지 않고 맨손으로 데려갈 수 있다면 해보라고 했지요. 헤라클레스는 맨손으로 케르베로스를 제압해서 지상으로 데려갔어요. 하지만 케르베로스를 데려오라고 명령했던 왕은 막상 헤라클레스가 데리고 오자 기겁⁴하여 다시 돌려보내라고 했어요. 케르베로스는 제자리로 돌아갔지요.

④ **기겁** 숨이 막힐 듯이 갑작스럽게 겁을 내며 놀람

케르베로스처럼 무서운 더위가 온다!

이탈리아 시칠리아 섬의 약국 전광판에 표시된 기온 ©AP뉴시스

여름이 점점 더 더워지고 있어요. 더위가 머무는 기간도 길어지고 있고요. 2024년 대구에는 폭염특보가 45일 동안이나 내려졌어요. 우리나라만 유독 더위가 심해진 것은 아니에요. 유럽은 2022년도에 이어 2023년도에도 극심한 더위에 시달렸어요. 2023년 7월 이탈리아 로마는 42도, 시칠리아는 48도까지 올랐어요. 우리나라보다도 2도 이상 높은 기온이에요. 여름에 이탈리아를 방문한 여행자들은 체온보다 높은 기온 때문에 기절하기도 했어요. 그래서 도시 곳곳에 구급차가 대기하고 있어요. 그리스도 비슷해요. 이탈리아 기상학회는 2023년의 더위에 '케르베로스 폭염'이라는 이름을 붙였어요. 케르베로스가 지키는 저승처럼 뜨겁고 끔찍하다는 의미래요. 안타깝게도 지구는 앞으로도 계속 더워질 거라고 기상학자들은 예측하고 있어요.

참고 ┃ "앞으로 폭염 없는 여름 없다"… '이탈리아 최고 48도' 불가마 된 유럽 (2023.07.17. 동아일보)

질문을 읽고,
연결된 반대쪽 동그라미에 올바른 답을 써넣으세요.

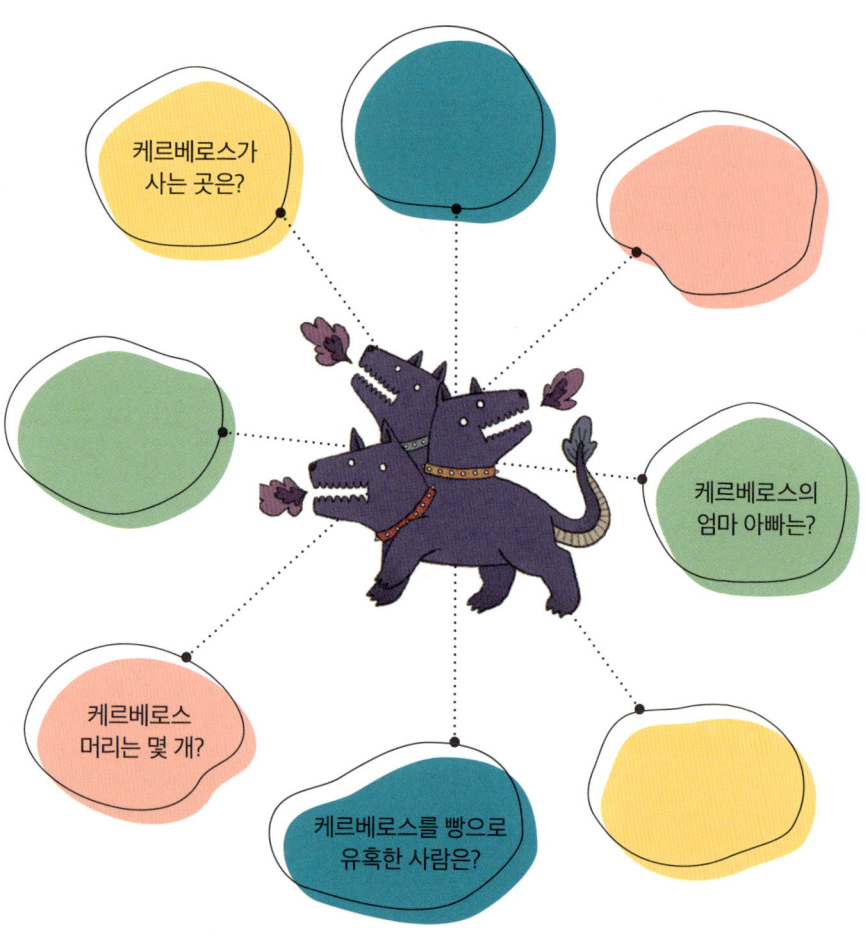

07

케르베로스는 24시간 잠들지 않고 저승을 감시하는 괴물 개예요.
24시간 잠들지 않고 암소를 감시하는 괴물이 있어요.
눈이 100개인 이 괴물은 누구일까요?

❶ 아르고스　　　❷ 바실리스크

24시간 잠들지 않고 암소를 감시하는 괴물은 ❶ **아르고스**예요.

눈이 100개 감시 괴물

아르고스

온몸에 눈이
100개!!
잘 때는 2개만 감음

힘이 **셈**

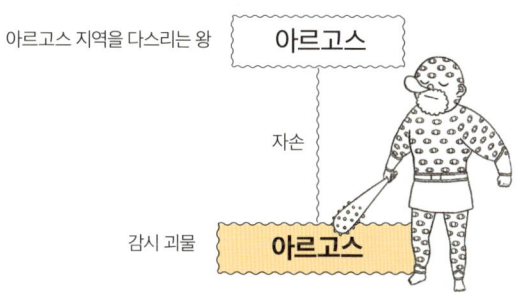

아르고스 지역을 다스리는 왕 **아르고스**

자손

감시 괴물 **아르고스**

눈이 100개예요? 아르고스는 눈이 100개인 괴물이에요. 아르고스의 이름은 아르고스 파놉테스인데, '온통 눈인 자' 혹은 '모든 것을 보는 자'라는 뜻이에요.

아르고스는 나쁜 괴물이에요? 아르고스는 몸집이 크고 힘이 센 거인 괴물이에요. 온몸에 눈이 100개나 있어서 무서워 보이지만 악당은 아니에요. 오히려 나쁜 괴물을 해치우는 괴물이지요. 케르베로스를 낳은 에키드나는 상체는 인간이고 하체는 뱀인 괴물인데 지나가는 사람이나 가축들을 마구 잡아먹어서 주민들을 불안하게 했어요. 어느 날, 에키드나가 사람과 가축을 잔뜩 잡아먹고 잠들었을 때 아르고스가 살금살금 다가가서 에키드나를 죽였어요. 무서운 괴물이 사라지자, 주민들은 안전하게 지낼 수 있었어요. 아르고스의 활약 덕분이었죠.

케르베로스 저승 문지기 개
에키드나 거대한 뱀 괴물

아르고스는 왜 암소를 감시했어요? 헤라가 명령했기 때문이에요. 암소는 원래 <u>이오</u>라는 아름다운 여인이었어요. 제우스는 아름다운 이오에게 반해서, 이오를 만날 때마다 구름으로 변신했어요. 헤라에게 들키면 안 되니까요. 화창하게 맑은 날인데, 한쪽 하늘에만 자꾸 구름이 끼는 것을 헤라는 이상하게 생각했어요. 마침내 제우스가 자신을 속이고 있는 것을 알아챘지요. 제우스는 이오를 얼른 암소로 변신시켰어요. 이미 그 사실을 알고 있는 헤라는 제우스에게 암소를 달라고 했어요. 제우스는 별 수 없이 헤라에게 암소를 내줄 수밖에 없었어요. 헤라는 제우스가 다시 암소를 데려가지 못하게 아르고스를 보냈던 거예요.

헤라는 왜 아르고스에게 암소를 지키게 했어요? 아르고스 눈이 100개잖아요. 잠을 잘 때에도 2개의 눈만 감아요. 나머지 눈 98개는 뜨고 있어서 누군가를 감시하기에 적합했거든요. 아르고스는 올리브 나무에 묶인 암소를 24시간 감시했어요. 이오는 소가 되었기 때문에 말을 할 수도 없고 맛있는 음식을 먹을 수도 없었어요. "음매~"하고 우는 것밖에 할 수 있는 게 없었어요. 제우스는 이오가 너무 안타까웠어요. 그래서 <u>헤르메스</u>에게 비밀 임무를 주어 이오 옆으로 보냈어요.

누구세요?

헤라 가정의 여신. 제우스의 아내
이오 제우스가 반한 여인. 암소로 변함
헤르메스 신들의 전령. 상업, 거짓말의 신

헤르메스에게 내린 비밀 임무는 어떤 것이에요? 아르고스를 죽이는 거였어요. 아르고스를 죽이면 이오가 풀려날 수 있으니까요. 하지만 아르고스는 잠을 자지 않는 거인 괴물인데 헤르메스가 죽일 수 있을까요? 헤르메스는 꾀를 냈어요.

어떤 꾀를 냈어요? 헤르메스는 양떼를 모는 목동[1]으로 변신했어요. 양떼를 끌고 아르고스에게 가서 마법의 피리를 불었어요. 피리를 불자 아르고스의 눈이 하나둘씩 감기기 시작했어요.

> 1) **목동** 말, 소, 양 등의 가축이 풀을 뜯어 먹도록 풀어놓으며 돌보는 사람

아르고스가 드디어 잠들었나요? 아니에요. 눈꺼풀이 하나둘 감겼지만 아르고스는 잠들지 않았어요. 마음이 급해진 헤르메스는 지루하고 재미없는 이야기를 들려주기 시작했어요. 연신 하품을 하던 아르고스는 잠에 빠져들었어요. 마침내 100개의 눈이 모두 감기는 순간, 헤르메스는 마법 지팡이 케리케이온을 휘둘렀어요. 아르고스는 깊은 잠에 빠져들고 말았어요. 헤르메스는 숨겨둔 칼을 꺼내 아르고스의 목을 베어버렸죠.

아르고스가 죽었으니까, 이오는 풀려났겠지요? 아르고스가 죽은 것을 알고 헤라는 무척 화가 났어요. 순순히 이오를 제우스

누구세요? **케리케이온** 헤르메스의 마법 지팡이

에게 돌려줄 수는 없었죠. 헤라는 등에 한 마리를 이오에게 날려 보냈어요. 등에는 인간이나 가축의 피를 빨아먹는 벌처럼 생긴 곤충이에요. 등에가 옆구리를 물어뜯자, 암소는 소스라치게 놀라 달리기 시작했어요. 달리다 지친 암소는 제우스에게 자신을 원래의 모습으로 돌려달라고 간절히 기도했어요.

제우스가 이오의 기도를 들어주었나요? 이오의 기도를 들은 제우스는 헤라에게 부탁했어요. 그리고 이오 때문에 헤라를 힘들게 하지 않겠다고 스틱스강에 맹세했죠. 그제야 헤라의 분노가 가라앉았고 이오는 원래의 모습으로 돌아올 수 있었어요.

아르고스는 헤라의 명령을 따른 것뿐인데, 죽다니 불쌍해요 헤라도 몹시 안타깝게 여겼어요. 그래서 아르고스의 눈을 모아서 자신과 함께 다니는 공작새의 날개에 붙여주었어요. 공작은 헤라를 상징하는 새거든요. 공작이 꼬리를 활짝 펼쳤을 때 나타나는 아름다운 무늬가 바로 아르고스의 눈이랍니다.

공작새

해리 포터에서 아르고스 찾기!

해리 포터가 다니는 마법 학교인 호그와트를 지키는 수위의 이름은 '아거스 필치'예요. 눈이 100개인 아르고스에서 따온 인물이지요. 아거스 필치는, 낮에는 허튼짓하는 학생들을 감시했어요. 밤에는 잠을 자지 않고 돌아다니는 학생들을 잡아냈고요. 낮에도 깨어있고, 밤에도 깨어있는 아르고스의 특징을 그대로 이어받았지요? 아거스 필치는 고양이를 키우는데 이름이 '노리스 부인'이에요. '노리스 부인'은 감지 능력이 뛰어나요. 투명 망토를 쓴 해리 포터를 찾아낼 정도니까요. 호그와트 학생들은 아거스 필치와 노리스 부인을 무척 싫어했대요.

> 아르고스의 영어식 발음은 아거스예요

〈아거스 필치와 노리스 부인〉
©해리포터와 마법사의 돌

블록 인형 〈아거스 필치〉
©BrickLink.com

헤르메스의 이야기를 듣는 아르고스는 지금 무척 졸려
요. 슬슬 감기고 있는 눈은 모두 몇 개인가요?

08

아르고스는 헤라의 믿음과 사랑을 받았어요.
이와 반대로 헤라의 저주를 받아
괴물이 되어버린 여인도 있어요. 누구일까요?

❶ 메두사   ❷ 라미아

헤라의 저주를 받아 괴물이 되어버린 여인은 ❷ **라미아**예요.

저주 받은 엄마 괴물
라미아

잠들 수 없는 눈

인간의 몸

뱀 꼬리

예쁜 **공주** 얼굴에서
점점 **괴물** 모습으로

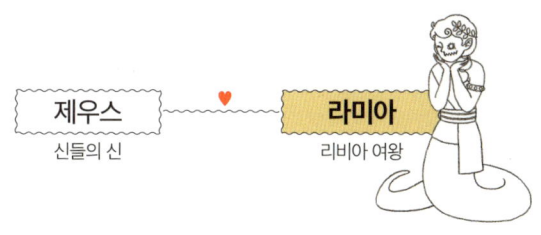

제우스
신들의 신

라미아
리비아 여왕

헤라의 저주를 받아서 괴물이 되었다면, 원래 인간이었어요?
라미아는 아름다운 여인이었어요. 리비아라는 나라의 여왕이었죠. 아름다운 라미아를 본 제우스는 한눈에 반했어요. 라미아는 제우스와 연인이 되었고 여러 명의 아이를 낳았어요. 이 사실을 알게 된 제우스의 아내 헤라는 참지 않았어요. 라미아의 아이들을 뺏고 "네가 낳은 제우스의 아이를 모두 죽이고 앞으로 낳을 아이도 죽일 것이다"라고 끔찍한 저주를 내려요. 그리고 라미아를 괴물로 만들어버렸어요.

라미아는 어떤 모습으로 변했어요? 상반신은 원래의 모습이었지만 하반신은 뱀으로 변했어요. 인간과 뱀이 섞인 괴물이 된 거예요. 혐오스럽게 변한 자신의 모습을 확인한 라미아는 심한 충격을 받았어요.

라미아는 무슨 뜻이에요? 그리스어에 '라이모스'라는 단어가 있어요. 목구멍이라는 뜻이에요. 라미아는 라이모스에서 나온 말인데 '목구멍으로 아이들을 삼키는 행동'이라는 뜻이에요.

왜 그렇게 무서운 이름을 갖게 되었어요?   헤라에게 뺏긴 아이들이 죽자 라미아는 깊은 슬픔에 빠졌어요. 더구나 헤라가 "앞으로 낳을 아이도 모두 죽이겠다"고 한 저주 때문에 공포스러웠던 라미아는 제정신이 아니었어요.

제정신이 아니었다는 게 무슨 뜻이에요?   두려움에 사로잡힌 라미아는 외딴곳의 동굴로 들어가 숨어지냈어요. 그러다가 이따금 동굴 밖으로 나와 다른 사람의 아이를 유괴해서 잡아먹기 시작했어요. 공포심에 미쳐버린 거예요. 아이들이 비명을 지르고 울음을 터트렸지만 머리카락 한올도 남기지 않고 먹어치웠지요. 특히 갓 태어난 아기를 훔쳐와 한입에 삼켰어요. '목구멍으로 아이들을 삼키는 행동'이라는 뜻인 라미아라는 이름을 왜 가지게 되었는지 알겠죠? 아이들을 잡아먹으면서 라미아는 무서운 식인 괴물이 되었고, 모습도 점점 더 혐오스럽게 변해갔어요. 하지만 라미아가 아이들만 잡아먹은 건 아니에요.

아이들 말고 다른 사람도 잡아먹었어요?   라미아는 악녀 괴물로도 알려져 있어요. 사막을 지나가는 남자들을 유혹해서 잡아먹었거든요. 라미아는 남자가 지나가면 혀를 날름거렸는데 그때마다 달콤하고 아름다운 음악 소리가 났어요. 그 소리에 남자들은 유혹당할 수밖에 없었어요. 라미아는 걸려든 남자들을 잡아먹거나 피를 빨아먹었어요. 라미아는 점점 더 잔인해졌고 더욱 불쌍해졌어요.

나쁜 괴물이 불쌍해졌다고요? 라미아가 아이들을 뺏기고 잔인한 괴물로 변해버렸는데도 헤라의 분노는 가라앉지 않았어요. 그래서 잠의 여신 <u>히프노스</u>에게 라미아의 잠을 빼앗으라고 명령했죠. 라미아는 영원히 잠을 잘 수도 없고 눈을 감을 수도 없게 되었어요. 눈을 감지 못하는 라미아의 눈앞에는 만날 수 없는 아이들의 모습이 언제나 아른거렸어요. 눈을 뜨고 있을 때는 아이들 생각에 슬픔이 사라지지 않았죠. 제우스는 라미아를 무척 불쌍하게 여겼어요.

제우스가 라미아에게 잠들 수 있는 능력을 주면 되잖아요?
제우스는 신 중의 신인 최고 신이기 때문에 무엇이든 할 수 있어요. 그런데 왜, 라미아에게 내려진 저주를 풀어주지 않는 걸까요? 그것은 신들의 약속이기 때문이에요. 다른 신이 내린 벌이나 저주는 절대로 건드리면 안 되거든요. 암소로 변한 이오를 원래의 모습으로 되돌려주지 못한 것도 같은 이유예요. 제우스는 헤라의 저주를 풀어줄 수는 없었기 때문에 다른 능력을 주었어요.

제우스가 어떤 능력을 주었어요? 자기 눈을 뺄 수 있는 능력이에요. 여전히 잠들 수는 없지만, 눈을 뺐을 때만은 아무것도 보이지 않기 때문에 잠시라도 아이들을 잊고 쉴 수 있으니까요. 이런 불쌍한 라미아를 안타깝게 여긴 신이 또 있었어요.

히프노스 잠의 여신

라미아를 불쌍하게 여긴 다른 신도 있었다고요? 그래요. 눈이 100개인 아르고스를 죽인 <u>헤르메스</u> 신이에요. 헤르메스는 라미아를 인간의 모습으로 돌아가게 해주었어요. 헤라의 저주를 풀수는 없었기 때문에 아주 잠시 동안만 인간이 될 수 있었죠.

인간이 된 라미아는 아이들을 찾으러 갔어요? 그럴 수는 없었어요. 자신의 아이들이 모두 죽었으니까요. 인간으로 돌아온 라미아는 뤼시오스라는 기사를 사랑하게 되었어요. 하지만 뤼시오스는 라미아가 뱀이라는 사실을 알고는 도망가버렸죠. 라미아는 또다시 절망하고 뱀의 모습으로 돌아갔어요.

라미아를 서양의 아이들은 무서워해요? 서양에서는 엄마가 아이를 재울 때 라미아를 부른다고 해요. 라미아가 우리나라의 망태 할아버지[1]와 비슷한 역할을 하는 거죠. 잠들지 않으려고 하는 아이들에게 엄마들이 이렇게 말하거든요. "잠들지 않으면 아이를 잡아먹는 라미아가 올 거야!" 얼른 잠들어야 할 것 같지요?

> 1) **망태 할아버지** 커다란 주머니를 짊어지고 다니는 할아버지. 부모의 말을 듣지 않는 나쁜 아이를 망태기에 집어넣어 데려가 버린다고 알려져 있음

누구세요? **헤르메스** 신들의 전령. 아르고스를 죽임

잠들어라, 모르페우스의 모르핀

양귀비

잠의 여신 히프노스에게는 모르페우스라는 아들이 있어요. 모르페우스는 꿈의 신이에요. 모르페우스는 아주 커다란 날개를 펄럭이며 눈 깜짝할 사이에 땅끝까지 날아갈 수 있어요. 아무런 소리도 내지 않고 말이에요. 모르페우스는 자면서 꾸는 꿈, 깜깜한 어둠에서 느끼는 공포, 고통을 잠재우는 몽롱한 상태를 의미해요. 죽음까지도요. 모르페우스는 어머니인 히프노스가 사는 동굴에 살고 있어요. 동굴의 입구에는 양귀비와 수면 식물들이 자라고 있어요. 이 중 양귀비는 통증을 잠재우고 몽롱하게 만드는 아편¹의 재료로 사용되는 식물이에요. 양귀비 열매는 모르페우스의 상징이기도 해요. 그래서 양귀비에서 추출한 마약성 진통제의 이름을 모르핀이라고 지었어요. 모르페우스에서 따온 것이죠.

① **아편** 양귀비의 덜 익은 꼬투리에서 채취한 것으로 마약의 일종

누구에 대한 힌트일까요?

• 아름다운 여인!
• 목구멍이라는 뜻
• 서양 아이들은
  지금도 무서워함

• 꿈의 신!
• 사는 동굴의 입구에
  양귀비와 수면 식물이 자람
• 마약성 진통제의 이름이 됨

• 라미아를 불쌍하게 여김
• 사람으로 변신하게 해줌

09?

라미아는 헤라의 저주를 받은 괴물이에요.
헤라가 아니라 헤라 모양의 구름과의 사이에서
태어난 괴물은 누구일까요?

❶ 켄타우로스　　　**❷ 미노타우로스**

헤라 모양의 구름과의 사이에서 태어난 괴물은 **❶ 켄타우로스**예요.

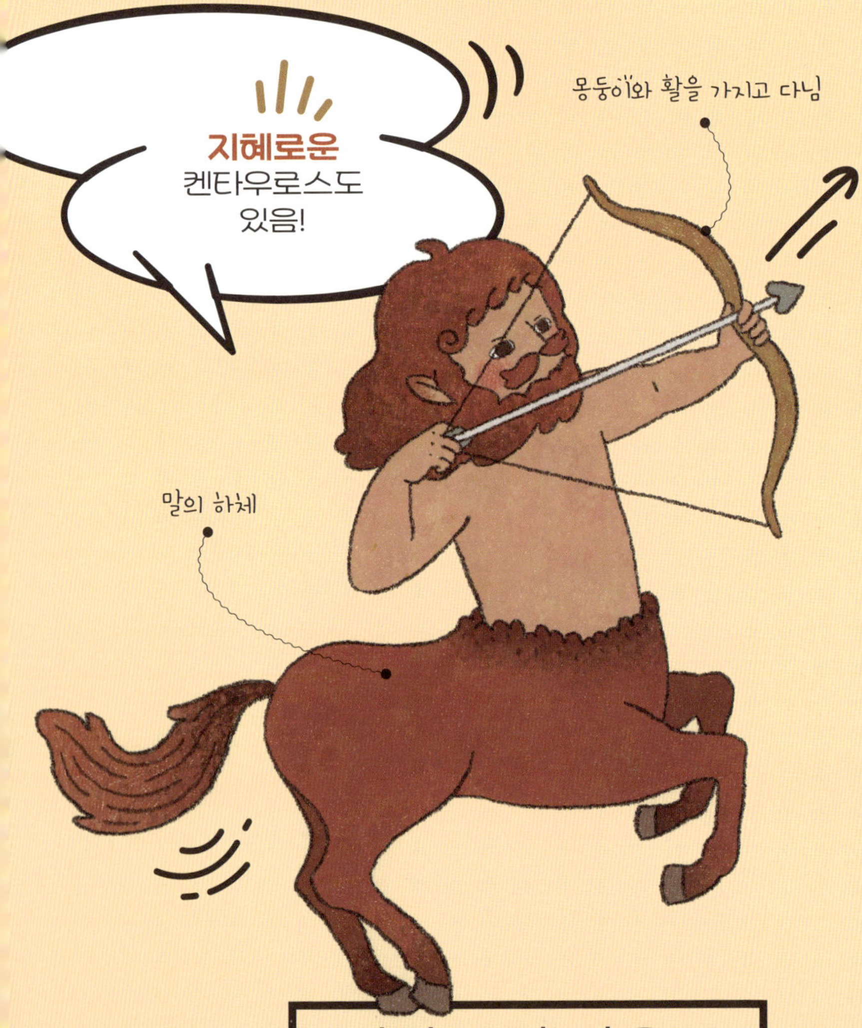

성질 급한 싸움꾼

켄타우로스

익시온 — 테살리아 왕

네펠레 — 헤라 모습으로 변신한 구름의 님프

켄타우로스
반인반마 괴물

켄타우로스가 헤라 모양 구름에서 태어났어요? 그리스의 한 지역에 익시온이라는 왕이 있었어요. 그는 아내의 아버지를 죽이는 큰 죄를 저질렀어요. 그래서 살던 곳에서 쫓겨나 여기저기 떠돌아다녔지요. 그 모습을 본 제우스가 불쌍하게 생각해서 올림포스 궁전으로 데려갔어요. 그런데 익시온이 헤라를 보더니 유혹하려고 하지 뭐예요? 헤라는 익시온의 어이없는 행동을 제우스에게 전했어요. 제우스는 익시온을 시험해 보기로 했지요. 구름의 님프 네펠레를 헤라의 모습으로 변신시켰어요. 익시온은 헤라인 줄 알고 네펠레를 유혹했어요. 그렇게 해서 켄타우로스가 태어난 거예요.

제우스는 헤라를 유혹하려고 한 익시온을 용서했어요? 천만에요. 크게 화가 난 제우스는 은혜를 모르는 익시온을 지옥에 떨어트려, 영원히 멈추지 않는 수레바퀴에 매달았죠. 익시온은 지금도 지옥에서 수레바퀴에 매달려서 끝없이 돌고 있어요.

익시온 그리스 테살리아의 왕. 헤라를 유혹하고 벌 받음
네펠레 구름의 님프. 헤라 모습으로 변신

켄타우로스는 어떻게 생겼어요? 인간과 말의 모습이 섞여 있어요. 인간의 상체가 말의 몸에 연결되어 있는 모습이에요. 그래서 인간의 이성과 동물의 본능을 함께 가지고 있는 괴물이에요.

켄타우로스는 어떤 성격이에요? 켄타우로스는 성질이 급하고 난폭한 편이에요. 몽둥이와 활을 가지고 몰려다니면서 여자를 납치하기도 해요. 켄타우로스는 포도주를 좋아하는데 술에 취했을 때는 더욱 거칠고 사나워져요. 말썽을 자주 부리고 걸핏하면 싸움도 일으키죠. 술에 취해서 일으킨 켄타우로스 전투는 아주 유명해요.

켄타우로스 전투가 뭐예요? 라피타이족의 왕이 자신의 결혼식에 켄타우로스족을 초대했어요. 결혼식에 참석한 켄타우로스족은 술과 음식을 즐기며 흥겨운 시간을 보냈어요. 그런데 그 중 한 켄타우로스가 술에 취해 신부를 납치하려고 했어요. 다른 켄타우로스들도 덩달아 다른 여성들을 납치하려고 하면서 결혼식은 엉망진창이 되었지요. 화가 난 라피타이족과 켄타우로스족의 싸움이 벌어졌어요. 이 싸움이 켄타우로마키아라고 불리우는 켄타우로스 전투예요. 켄타우로스족은 이 싸움에서 지고, 살던 곳에서 쫓겨나 그리스 각지로 뿔뿔이 흩어지게 되었어요.

켄타우로스족 켄타우로스들이 대를 이어 이룬 종족
켄타우로마키아 켄타우로스들이 일으킨 싸움

착한 켄타우로스도 있나요?　거칠고 난폭한 켄타우로스가 많았지만, 케이론이라는 켄타우로스는 착하고 친절했어요. 신들에게 예언과 의술, 사냥 등을 배워서 지식이 풍부하고 지혜로웠고요. 그래서 많은 영웅에게 공부와 기술을 가르쳤어요.

케이론은 왜 다른 켄타우로스처럼 난폭하지 않아요?　케이론은 제우스의 아버지인 크로노스와 큰바다의 신 오케아노스의 딸 필리라 사이에서 태어났어요. 케이론은 신의 자손이죠. 그래서 죽지 않는 불사의 몸이에요. 크로노스가 아내의 눈을 피하기 위해 필리라를 말로 변신시켰기 때문에 다른 켄타우로스처럼 케이론도 말의 모습을 하고 태어났어요. 케이론이 태어났을 때 필리라는 괴물 같은 아기의 모습을 보고 깜짝 놀라서 케이론을 산에 버렸어요. 아폴론 신은 버려진 케이론이 가여워서 데려다 키우며 예언과 음악, 의술, 노래와 시, 양궁 등을 정성껏 가르쳤어요. 케이론은 동물의 본능에 집착하지 않게 되었고 현명한 지혜와 풍부한 지식, 뛰어난 활 솜씨를 가질 수 있었어요. 많은 영웅에게 지식과 기술을 가르쳐주어서 영웅들의 스승이 되었지요.

어떤 영웅을 가르쳤어요?　메두사를 죽인 페르세우스, 미노타우로스를 없앤 테세우스, 트로이 전쟁의 영웅인 아킬레우스 등

누구세요?

크로노스 제우스의 아버지　**오케아노스** 큰바다의 신
필리라 오케아노스의 딸, 케이론의 어머니
아폴론 태양, 음악, 예언의 신

많은 영웅을 가르쳤어요. 케이론은 헤라클레스도 가르쳤어요. 하지만 케이론은 헤라클레스의 화살에 맞아 죽게 돼요.

케이론은 불사의 몸인데 왜 죽어요? 케이론은 신의 자손이기 때문에 영원한 생명을 얻었고 그래서 죽지 않아요. 그런데 헤라클레스가 쏜 화살에는 독이 발라져 있었어요. 헤라클레스가 죽인 괴물 히드라의 독이에요. 케이론은 죽을 만큼 고통스러웠어요. 하지만 불사의 몸이기 때문에 죽지 못하고 평생 고통 속에서 살아야 했지요. 케이론은 신에게 빌었어요. "이제 그만 죽게 해 주십시오." 제우스는 케이론의 기도를 들어주었어요. 그리고 많은 영웅을 키운 케이론의 업적을 잊지 않으려고 별자리로 만들었어요. 겨울 밤하늘에 떠있는 궁수(사수) 모양 자리를 찾아 보아요. 케이론의 별자리랍니다.

케이론의 별자리
사수자리, 11월 23일 ~ 12월 24일

코로나 바이러스 이름이 켄타우로스 바이러스라고요?

코로나 바이러스는 전 세계에 퍼져서 사람들을 두려움에 떨게 했어요. 그 중 전파력이 가장 강한 바이러스의 이름이 켄타우로스 바이러스예요. 사람의 세포에 쉽게 침투하고 퍼지는 속도가 매우 빠르다는 두 가지 특징이 있어요. 이것을 한 과학자가 켄타우로스라고 불렀어요. 사람과 말의

아스클레피오스

특징을 함께 가진 켄타우로스의 특징과 두 가지 성질을 가진 바이러스의 특성을 연결한 거죠. 공식적인 명칭은 아니지만 사람들에게 바이러스의 특징과 감염 위험을 쉽게 알릴 수 있어서, 켄타우로스 바이러스라는 별명을 사용하고 있어요.

세계보건기구(WHO)는 전 세계의 보건과 위생 분야에 대해 각 국가가 협력하기 위하여 설립한 국제기구예요. 세계보건기구의 엠블럼[1]에는 뱀이 감겨있는 지팡이가 그려져 있어요. 이 지팡이는, 그리스 로마 신화에 나오는 의술의 신 아스클레피오스가 가지고 다녀요. 아스클레피오스는 죽은 사람도 살릴 수 있을 만큼 뛰어난 의술을 가진 신이거든요. 세계보건기구에 뱀 지팡이를 그려넣은 이유를 짐작할 수 있겠지요? 아스클레피오스는, 케이론에게서 뛰어난 의술을 배웠답니다.

세계보건기구 엠블럼

1 **엠블럼** 상징

낱말 퍼즐을 완성하세요.

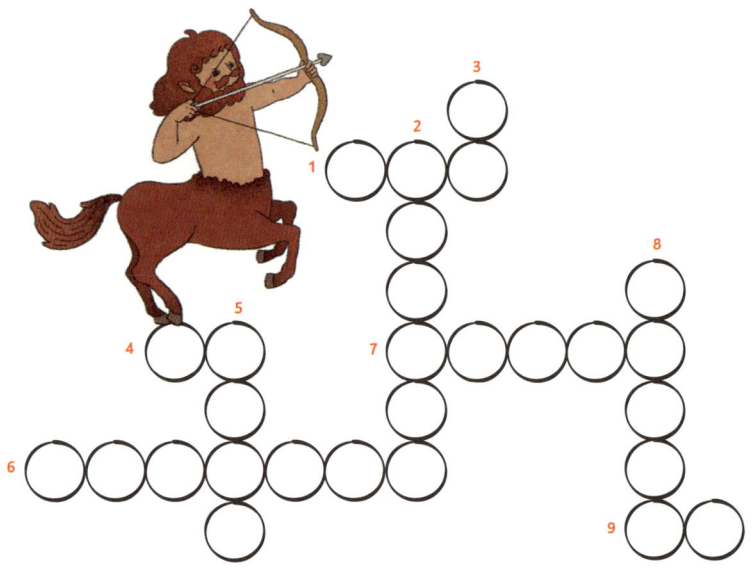

[가로 방향]

1 케이론은 ○○○의 독이 발라진 화살에 맞아 죽었어요.

4 사납고 위험한 동물. 주로 육식을 해요.

6 포유류와 조류에서 코감기 등 호흡기 질환을 일으키는 바이러스예요.
2019년 12월부터 전 세계에 확산되어 수많은 감염자가 생겼어요.

7 테티스의 아들로 케이론이 맡아 기르고 가르친 영웅이에요.

9 케이론은 신들에게 예언과 의술, 사냥 등을 배워서 지식이 풍부했고 ○○로웠어요.

[세로 방향]

2 이산화탄소를 압축하고 냉각하여 만든 흰색의 고체예요. 온도가 낮아서
아이스크림을 포장할 때 사용하면 아이스크림이 녹지 않아요.

3 제우스의 아내

5 수레의 바퀴

8 가스를 사용하여 음식을 조리하는 주방기구예요.

84

10

?

켄타우로스족 케이론을 죽게 한 헤라클레스의 화살에는
이 괴물의 독이 발라져 있었어요. 이 괴물은 누구일까요?

❶ 히드라   ❷ 게리온

헤라클레스의 화살에 발라져 있는 독은 ❶ **히드라**의 독이예요.

잘려도 다시 자라남!
가운데 머리는 절대 안 죽음!
머리 아홉 개
독이 있는 피부
어마어마하게 큰 뱀 몸뚱이
머리 아홉 개 달린 불멸의 뱀
히드라

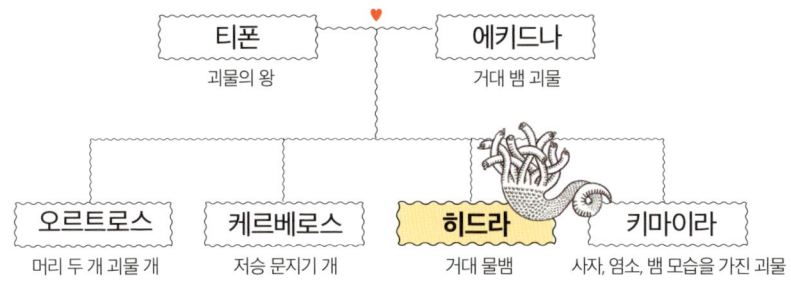

티폰		에키드나
괴물의 왕		거대 뱀 괴물

오르트로스	케르베로스	**히드라**	키마이라
머리 두 개 괴물 개	저승 문지기 개	거대 물뱀	사자, 염소, 뱀 모습을 가진 괴물

히드라는 어디에 살아요? 그리스 레르나 지방에는 맑은 물이 솟아나는 아미모네 샘이 있어요. 아미모네 샘 옆에 커다란 플라타너스[1] 나무가 있는데 그 근처에 히드라가 살았어요. 히드라는 물을 마시러 오는 사람들과 동물들을 닥치는 대로 죽여서 모두가 두려워했어요.

> ① **플라타너스** 잎이 넓고 나무껍질에 흰 무늬가 있는 나무. 가로수로 많이 심음

히드라는 어떻게 생겼어요? 히드라는 머리가 아홉 개 달린 어마어마하게 큰 물뱀이에요. 아홉 개의 머리는 잘려도 다시 자라나요. 재생능력이 뛰어나거든요. 심지어 아홉 개의 머리 중에서 하나는 절대로 죽지 않고 영원히 살 수 있어요.

히드라의 독이 묻은 화살에 맞은 케이론은 몹시 고통스러워했잖아요. 히드라는 얼마나 강한 괴물이에요? 히드라는 온몸이 독으로 가득했어요. 히드라가 뱉는 독한 입김을 들이마시거

나 피부에 닿기만 해도 살이 썩어버렸고, 히드라의 피부는 만지기만 해도 목숨을 잃었어요. 피부에서 나오는 끈적끈적한 점액에도 독이 들어 있었거든요. 히드라의 피가 묻으면 무엇이든 스르륵 녹아내렸어요. 히드라는 태어날 때부터 사나웠지만, 여신 헤라가 특별히 훈련시킨 덕분에 더욱 강하고 포악한 괴물이 되었어요.

헤라가 왜 히드라를 훈련시켰어요?　헤라는 헤라클레스를 무척 미워했어요. 제우스가 다른 여자와의 사이에서 낳은 자식이기 때문이지요. 하지만 헤라클레스는 누구에게도 지지 않고, 누구보다도 힘이 셌어요. 헤라는 헤라클레스를 없앨 목적으로 히드라를 데려와서 훈련시켰어요. 눈앞에 보이는 모든 것을 공격하고 파괴하게 만들었죠. 무시무시한 독과 놀라운 재생능력을 가진 히드라는 초강력 불멸의 괴물이 되었어요.

히드라는 헤라클레스를 없앴나요?　아니요. 오히려 반대로 헤라클레스가 히드라를 없앴어요. 헤라클레스는 히드라를 죽이러 아미모네 샘으로 갔어요. 플라타너스 나무 옆에 버티고 서서 계속 불화살을 쏘며 히드라가 나오기를 기다렸지요. 드디어 화가

누구세요?

케이론 현명한 켄타우로스. 히드라의 독이 묻은 화살에 맞아 죽음
헤라클레스 제우스의 아들, 그리스 로마 신화 최고의 영웅

잔뜩 난 히드라가 나무 밖으로 나왔어요. 그러자 헤라클레스는 히드라의 머리를 댕강 잘라버렸어요. 히드라가 죽었을까요?

아니요. 히드라의 머리는 잘려도 계속 새로 자라나니까 죽지 않았을 것 같아요. 맞아요. 히드라의 머리를 잘랐지만 곧바로 새로운 머리가 올라왔어요. 심지어 두 개가 한꺼번에 생겨났어요. 헤라클레스는 히드라의 머리를 끝없이 잘랐어요. 하지만 소용없었죠. 헤라클레스는 조카에게 도와달라고 말했어요.

조카에게 어떻게 도와달라고 했어요? "내가 히드라 머리를 자르면 네가 그 자리를 불로 지져라!" 조카는 고개를 끄덕거렸죠. 헤라클레스가 머리를 자르면, 조카가 그 자리를 활활 타오르는 횃불로 재빠르게 지졌어요. 헤라클레스와 조카가 힘을 모은 끝에 마침내 히드라의 머리 아홉 개를 모두 자를 수 있었어요. 하지만 잘려도 죽지 않는 마지막 머리는 계속 꿈틀거렸죠. 고민하던 헤라클레스는 절대로 죽지 않는 마지막 머리를 커다랗고 무거운 바위로 눌러버렸어요. 드디어 히드라의 숨이 끊어졌어요.

히드라의 독이 헤라클레스의 화살에 어떻게 묻었어요? 치열한 싸움 끝에 히드라가 죽자, 헤라클레스는 히드라의 독을 자신의 화살촉에 발라두었어요. 또 다른 강한 괴물을 상대할 때 사용하려고요. 하지만 자신의 생각과는 다르게 케이론이 죽게 된 거예요.

히드라가 하늘의 별자리가 되었어요?　제우스는 헤라클레스가 죽인 히드라를 바다뱀자리로 만들었어요. 바다뱀자리는 88개의 별자리 중에서 가장 거대한 별자리예요. 봄철에 볼 수 있고, 뱀이 길게 늘어선 모습이지요.

제우스는 왜 나쁜 괴물을 별자리로 만들었을까요?　아들인 헤라클레스의 승리를 기념하기 위해서예요. 하늘을 올려다보며 헤라클레스와 자신의 위대함을 느끼게 하려는 목적이었죠. 바다뱀자리 근처에는 희미하게 빛나는 게자리가 있어요. 헤라클레스가 히드라를 죽이는 것을 방해하려고 헤라가 보냈는데, 헤라클레스의 발뒤꿈치를 물었다가 밟혀 죽었어요. 게도 히드라와 함께 별자리가 되었어요.

히드라는 어디쯤 살았을까?

아미모네는 아르고스라는 나라의 공주였어요. 아르고스에 심한 가뭄이 들어서 온 나라가 말라버리자 아미모네는 물길을 찾아 나섰어요. 아르고스에 가뭄이 든 것은 포세이돈 때문이었어요. 아르고스 시민들이 헤라를 도시의 수호신으로 정하자 화가 나서 도시의 지하수를 모두 막아버렸거든요. 아미모네는 물길을 찾아 여기저기 헤매다 숲길에서 사슴을 만났어요. 휘익하고 창을 던졌는데 어떡하지요? 사슴이 아니라 자고 있던 숲의 정령 사티로스의 다리에 창이 꽂혀버린 거예요. 사티로스가 아미모네를 공격하자 포세이돈이 자신의 삼지창을 사티로스를 향해 던졌어요. 삼지창은 근처 바위에 꽂히고 사티로스는 간신히 도망쳤어요. 삼지창을 뽑으니 그 구멍에서 샘물이 퐁퐁 솟아났어요. 이 샘의 이름이 아미모네 샘이에요. 이 샘은 바닥이 없어요. 이 샘을 통해 지하의 신 하데스는 지하 세계로 내려갔어요. 히드라는, 깊고 깊은 샘의 어디쯤에 살았을까요?

현재 아미모네 샘의 모습

히드라가 하는 말이 맞으면 히드라 머리에 ⭕를 그리고
틀리면 ❌ 를 그리세요.

헤라클레스는 죽지 않는
마지막 머리를 깊은 동굴에
던져버렸지.

헤라가 나를
훈련시켜서 더 강하고
난폭해졌어!

아빠는 티폰이고
엄마는 에키드나야.

헤라클레스가
혼자서 나를
해치웠어.

바닷속에
살고 있지.

불을 내뿜을 수
있는 강력한
괴물이야.

11

히드라는 머리가 아홉 개 달린 불멸의 뱀이에요.
이 괴물은 머리가 여섯 개이며 뱀처럼 긴 목을 가졌어요.
원래는 아름다운 요정이었던 이 괴물은 누구일까요?

❶ 페가수스   **❷ 스킬라**

머리가 여섯 개이며 뱀처럼 긴 목을 가진 괴물은 **❷ 스킬라**예요.

마녀의 마법에 걸린 요정 괴물

스킬라

예쁜 여자 얼굴

1

6

2

5

3

4

뱀처럼 긴 목

사나운 개의 머리 6개

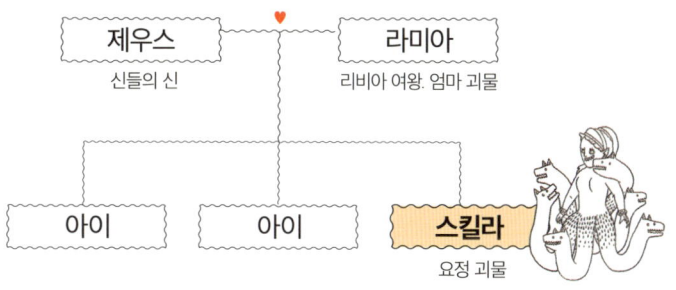

제우스
신들의 신

라미아
리비아 여왕. 엄마 괴물

아이

아이

스킬라
요정 괴물

스킬라는 어떻게 생긴 괴물이에요? 상체는 여자, 하체는 여섯 마리의 개가 결합된 모습이에요. 뱀처럼 긴 목을 가지고 있는데, 뾰족한 삼중이빨을 드러낸 채로 맹렬하게 짖어대는 괴물이에요.

원래는 괴물이 아니었어요? 스킬라는 아름다운 <u>님프</u>였어요. 불쌍한 엄마 괴물 라미아를 기억하지요? 제우스와 라미아 사이에서 태어난 아이들이 모두 헤라에게 죽고 딱 한 명이 살아 남았는데 그 아이가 바로 스킬라였다는 이야기도 있어요. 스킬라가 어느 날 바닷가에서 물놀이를 하고 있었어요. 그 모습을 보고 해신[1] <u>글라우코스</u>가 첫눈에 반하고 말아요. 사랑을 고백했지요. 하지만 스킬라는 마음을 받아주지 않았어요. 점점 사랑이 깊어진 글라우코스는 마녀 <u>키르케</u>를 찾아갔어요. 스킬라가 자신의 마음을 받아줄 수 있는 마법의 약을 만들어달라고 했지요. 하지

1 **해신** 바다를 다스리는 신

님프 자연을 지키는 요정   **글라우코스** 바다의 신
키르케 마법을 쓰는 마녀

만 예상하지 못했던 일이 일어났어요. 마녀 키르케가 자신을 찾아온 글라우코스를 좋아하게 된 거예요.

마녀 키르케가 글라우코스를 좋아하게 되었다고요? 키르케는 글라우코스를 좋아했어요. 글라우코스는 스킬라를 좋아했고요. 마녀 키르케는 자신을 향하지 않는 글라우코스를 바라보며 질투심이 불타올랐어요. 식물에 대해 많이 알고 있는 키르케는 독풀을 골라 즙을 짜낸 다음 마법을 걸었어요. 스킬라가 글라우코스의 마음을 받아들이게 만드는 마법이었을까요? 키르케는 스킬라가 자주 물놀이하는 샘물에 독즙을 풀었어요. 아무것도 모르는 스킬라가 샘물에 들어가자마자, 독즙에 닿은 몸이 개로 변해서 짖어대기 시작했어요. 순식간에 아름다운 다리는 사라지고 머리가 여섯 개이고 이빨이 세 줄로 난 흉측한 괴물로 변해버렸어요. 키르케가 만든 마법의 즙은 스킬라를 괴물로 만드는 마법 약이었던 거죠.

스킬라는 정말 속상했을 것 같아요. 스킬라는 괴물이 된 후 어떻게 됐어요? 괴물이 되어버린 스킬라는 절망했어요. 해안 근처의 암초[2]에 숨어서 모습을 드러내지 않았어요. 하지만 태풍이 몰아치는 날이면, 암초 주변에서 스킬라가 울부짖는 소리가 들렸어요. 괴물이 되어버린 스킬라는 분노에 사로잡혀서 점점 더 포악해졌지요. 자신의 보금자리인 암초 근처로 다가오는 배들을 위

2) **암초** 물속에 잠겨 있는 바위

협하고 선원들을 낚아채서 잡아먹었어요. 스킬라가 있는 곳은 좁은 해협[3]인데, 건너편에는 카리브디스라는 또 다른 괴물이 살고 있었어요. 그래서 그 해협은 선원들에게 공포스러운 곳이었어요.

3 **해협** 육지 사이에 끼어있는 좁고 긴 바다

카리브디스가 누구예요?
카리브디스는 바다의 신 포세이돈과 대지의 여신 가이아 사이에서 태어난 딸이에요. 카리브디스가 바다 괴물이 된 이유는 제우스에게 벌을 받았기 때문이에요.

카리브디스가 어떤 벌을 받았어요?
헤라클레스가 거인 게리온의 소떼를 끌고 갈 때 카리브디스가 소를 훔쳐서 잡아먹었거든요. 제우스는 카리브디스에게 벼락을 내리쳤고 그녀는 바다로 떨어져 괴물이 되었어요. 카리브디스는 하루에 세 번, 마치 목마른 커다란 괴물처럼 엄청나게 많은 바닷물을 꿀꺽꿀꺽 마셨다가, 다시 우르르르 토해냈어요. 이때 모든 것을 집어삼킬 듯한 거대한 소용돌이가 생겼어요. 소용돌이에 휘말리면 배들이 산산조각 났기 때문에 카리브디스는 배들에게 무척 위협적인 존재였어요. 엄청난 소용돌이를 만들어내는 카리브디스와 분노에 사로잡혀 선원을 잡아먹는 스킬라가 있는 이 해협을 무사히 통과하는 배는 거의 없었어요.

누구세요?

카리브디스 바다 괴물. 포세이돈과 가이아 사이에서 태어난 딸
포세이돈 바다의 신   **가이아** 대지의 여신
게리온 소떼를 키우는 거인

이 해협을 통과한 사람은 아무도 없나요?   영웅 오디세우스가 트로이 전쟁을 끝내고 돌아가는 길에 이곳을 지나게 되었어요. 해협을 지나가야 했던 오디세우스는 고민이 깊었어요. 한쪽에는 소용돌이를 만들어 배를 삼키는 카리브디스가 있고, 다른 쪽에는 선원을 잡아먹는 스킬라가 있으니, 어느 쪽으로 접근해야 할지 결정하기 어려웠지요. 그래서 마녀 키르케를 찾아갔어요. 키르케는 이렇게 말했어요. "소용돌이로 접근하지 말아라. 어떤 신도 당신을 구할 수 없다." 오디세우스는 소용돌이인 카리브디스를 피하고, 스킬라와 맞서기로 결정했어요. 결국 오디세우스는 살아남았지만 여섯 명의 부하를 잃고 말았어요.

오디세우스는 어떻게 살아남았어요?   오디세우스는 살았지만 여섯 명의 부하를 잃었다고 했지요? 스킬라의 여섯 개의 괴물 주둥이가 부하를 한 명씩 공격하는 동안 그곳을 통과했어요. 여섯 명의 부하를 잃었지만, 남은 부하들과 배는 지킬 수 있었죠. '스킬라와 카리브디스 사이'라는 표현이 있는데, 한 가지 위험을 피하려다가 다른 위험에 빠져들 수 있다는 뜻이에요. 이러지도 저러지도 못하는 진퇴양난⁴의 상황을 의미하기도 해요.

> 4   **진퇴양난** 앞으로 나아가지도 못하고, 뒤로 물러날 수도 없는 어려운 처지

누구세요?

오디세우스 그리스 로마 신화의 영웅

바위 사이에 스킬라가 숨어 있다!

이탈리아 칼라브리아 지역에는 스킬라와 카리브디스가 살았던 메시나 해협이 있어요. 그곳에는 스킬라가 깃들어 있다고 전해지는 '스킬라 바위'가 있고요. 아래 왼쪽 사진의 높고 커다란 바위가 바로 스킬라 바위예요. 스킬라가 정말 이곳에 살았을까요? 신화에 등장하는 괴물들은 '의인화'된 것이 많아요. 의인화란, 사람이 아닌 것을 마치 사람처럼 표현하는 것을 말해요. 그래서 스킬라는 뾰족하고 위험한 '암초'를 상징하고, 카리브디스는 배를 빨아들이는 무서운 '소용돌이'를 상징한다고 생각하고 있어요. 메시나 해협은 폭이 좁고 물살이 거세기로 유명해서, 옛날부터 뱃사람들에게는 정말 위험한 곳이었거든요. 이런 위험한 자연 현상들을 사람들이 무시무시한 괴물 이야기로 만들어낸 것이죠. 스킬라 바위와 카리브디스의 소용돌이 사이를 지나가야 했던 뱃사람들의 두려움이 얼마나 컸을지 상상할 수 있겠지요?

스킬라 바위 ©칼라브리아 관광청　　　　　　스킬라 바위 위치

네모 상자 안의 글을 읽고, 파란색 단어를 낱말 상자에서 찾아 파란색으로 칠하세요. 어떤 모양이 나타났나요?

스킬라는 아름다운 님프였어요. 하지만 스킬라를 시기했던 마법사 키르케가 그녀가 물놀이를 하는 물에 마법 독약을 풀었어요. 독약이 몸에 닿자마자 스킬라는 괴물로 변하고 말았어요. 절망한 스킬라는 포악해져서 지나가는 배를 공격하고 선원을 죽이는 무시무시한 괴물이 되었어요. 건너편에는 소용돌이를 일으키는 괴물 카리브디스가 있었지요. 하지만 오디세우스는 살아서 통과했어요.

요	물	아	름	다	운	님	물	약
어	놀	이	한	감	용	페	독	포
했	수	콘	스	킬	라	시	기	악
기	영	우	세	디	오	소	했	해
시	스	무	시	무	시	한	용	저
죽	편	공	키	르	케	헤	돌	서
이	너	걱	하	고	선	원	이	풀
는	건	세	우	스	와	을	마	었
망	카	리	브	디	스	사	법	나
절	오	요	지	앉	말	고	하	변

12

스킬라와 함께 바닷길을 막았던 카리브디스는
헤라클레스의 소를 잡아먹고 죽었어요.
헤라클레스가 잡아온 황소는 누구의 것일까요?

❶ 게리온　　　**❷ 케르베로스**

헤라클레스가 잡아온 황소는 **❶ 게리온**의 것이에요.

몸 셋, 배 하나,
괴상한 거인 괴물

게리온

상체
3명

1 2 3

배는 1개

하체 **3명**

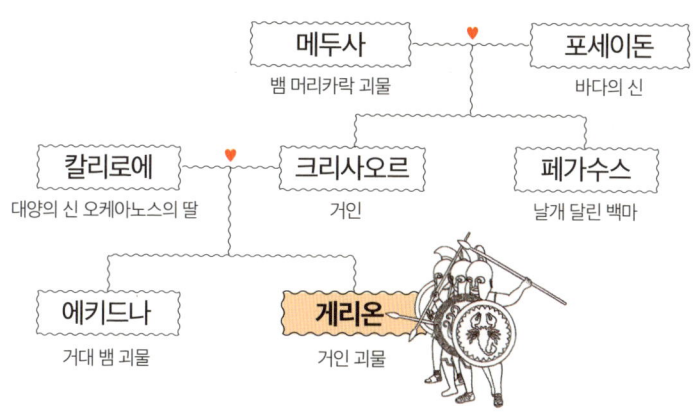

메두사 — 포세이돈
뱀 머리카락 괴물 / 바다의 신

칼리로에 — 크리사오르 — 페가수스
대양의 신 오케아노스의 딸 / 거인 / 날개 달린 백마

에키드나 / 게리온
거대 뱀 괴물 / 거인 괴물

게리온은 황소를 지키는 괴물이에요? 맞아요. 게리온은 서쪽 멀리 있는 붉은 섬에 살면서 멋진 소떼를 키우는 거인 괴물이에요. 거인 에우리티온과 괴물 개 오르트로스와 함께 소떼를 지키고 있어요. 메두사가 죽었을 때 흘러나온 피에서 페가수스와 함께 크리사오르가 태어났는데, 게리온은 거인 크리사오르의 아들이에요. 괴물 개 오르트로스는 케르베로스와 형제예요. 머리가 세 개인 케르베로스 기억하지요? 오르트로스는 머리가 두 개인 괴물 개이고 괴물 티폰과 에키드나 사이에서 태어났거든요.

게리온이 사는 곳을 왜 붉은 섬이라고 불러요? 게리온이 사는 섬은 서쪽 끝에 있어요. 해가 질 때 석양에 붉게 물들기 때문에 붉은 섬이라고 불렀을 거라고 추측해요. 신화에서 서쪽은 해

에우리티온 게리온의 소떼를 지키는 거인 목동
오르트로스 게리온의 소떼를 지키는 머리가 두 개인 개
크리사오르 메두사의 피에서 태어난 거인

가 지는 곳이기 때문에 죽음을 의미해요. 그래서 서쪽은 저승인 하데스[1]와 가까워서 아주 멀고 외딴곳이라고 여겼어요. 붉은 섬이기 때문에 게리온의 소떼도 붉은 소들이었어요.

> 1) **하데스** 저승의 신과 저승을 모두 가리키는 말

게리온은 어떻게 생겼어요?　게리온은 독특하게 생겼어요. 세 사람의 상체가 배 부분에서 하나로 합쳐졌다가 하체는 다시 세 사람으로 나누어지는 모습이에요. 게리온이 움직이면 세 사람이 동시에 움직이는 것처럼 보여요. 괴상하게 생겼지만 사람들을 괴롭히는 악당은 아니에요.

헤라클레스는 왜 게리온의 소떼를 잡아갔어요?　헤라클레스는 자신의 손으로 아내와 자식을 죽였어요. 헤라의 저주 때문에 가족들이 맹수로 보였기 때문이에요. 헤라클레스가 죄를 용서받으려면 열두 가지의 과업[2]을 해내야 했어요. 그 중 하나가 게리온이 돌보는 소떼를 훔쳐오는 것이었어요. 하지만 그건 거의 불가능했죠. 몸통이 세 개인 거인 게리온과 거대한 목동 에우리티온과 머리 둘 달린 개 오르트로스까지 괴물 셋을 물리쳐야 하니까요. 헤라는 헤라클레스가 실패해서 자신의 죄를 용서받지 못한 채 괴로워하기를 바랐어요. 무척 어려운 임무라는 것을 알았지만 헤라클레스는 게리온이 사는 섬으로 떠났어요.

> 2) **과업** 꼭 해야 할 일

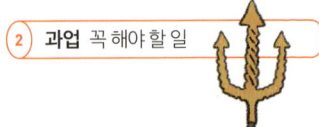

게리온이 살고 있는 멀고 외딴 서쪽 섬까지 어떻게 갔어요?

게리온이 사는 섬으로 가려면 사막을 지나가야 했어요. 뜨거운 햇살과 푹푹 찌는 열기에 지쳐버린 헤라클레스는 화가 나서 태양의 신 헬리오스를 향해 화살을 겨누었어요. 황금마차를 몰던 헬리오스는 깜짝 놀랐죠. 신에게 화살을 겨누다니요? 헬리오스는 화를 내는 대신, 자신의 황금잔 모양의 배를 빌려주었어요. 헬리오스의 황금 배는 매일 밤 바다 밑으로 지나갈 수 있거든요. 헤라클레스는 황금 배를 타고 지브롤터 해협[3]을 건너서 마침내 게리온이 살고 있는 섬에 도착했어요.

> 3 **지브롤터 해협** 육지 사이에 끼어 있는 좁고 긴 바다를 해협이라고 해요.
> 지브롤터 해협은, 유럽 서쪽 끝 스페인과 아프리카 북쪽 끝 모로코 사이에 있어요.

헤라클레스는 어떻게 게리온을 물리쳤어요?

게리온이 사는 섬에 도착하자마자, 낯선 냄새를 맡고 머리가 두 개인 오르트로스가 달려나왔어요. 헤라클레스는 자신의 올리브 나무 몽둥이로 때려서 오르트로스를 죽였어요. 뒤쫓아온 거인 목동 에우리티온도 몽둥이에 맞아서 죽었어요. 게리온은 이 사실을 알고 괴성을 지르며 나타났어요. 거대하고 괴상한 모습을 한 게리온을 물리치는 건 쉽지 않았어요. 사흘 동안이나 치열하게 싸웠지요. 헤라클레스는 히드라의 독이 묻은 화살을 게리온의 몸통을 향해 쏘았어요. 세 발의 화살은 차례로 게리온의 세 개의 몸통에

누구세요? **헬리오스** 태양의 신

명중했어요. 거대한 거인이라도 히드라의 독은 견뎌낼 수 없었죠. 게리온이 죽자 헤라클레스는 붉은 소떼를 황금 배에 태우고 돌아갔어요.

헤라클레스는 소떼를 끌고 무사히 돌아갔나요? 아니에요. 하마터면 소떼를 모두 잃을 뻔했어요. 헤라클레스가 게리온의 소들을 몰고 돌아가는 길이었어요. 카코스라는 거인이 사는 곳에 들르게 되었어요. 카코스는 산 속의 동굴에 살면서 이웃나라를 괴롭히는 악당 거인이에요. 헤라클레스가 깊이 잠든 사이, 카코스는 몰래 다가와 소 몇 마리를 훔쳤어요. 잠에서 깬 헤라클레스는 깜짝 놀라 잃어버린 소들을 찾아 소 발자국을 따라가 봤지만, 아무리 찾아도 소들은 없었죠. 이건 카코스의 계략⁴이었어요! 소를 훔쳐갈 때, 소의 꼬리를 잡고 뒷걸음질 치게 해서 동굴로 끌고 갔던 거예요. 그래서 소의 발자국이 모두 거꾸로 찍혀 헤라클레스는 소들이 어디로 갔는지 짐작조차 할 수 없었던 거죠.

> ④ **계략** 꾀

카코스가 훔친 소들을 찾지 못했어요? 헤라클레스는 소를 찾지 못했어요. 그래서 남은 소떼만 몰고 가는 길이었죠. 우연히 카코스가 사는 동굴 앞을 지나고 있는데, 소 울음소리가 들려오는 거예요. 헤라클레스의 소들이었지요. 헤라클레스는 소들을 모두 찾았고 카코스도 죽였어요.

누구세요?

카코스 동굴에 사는 악당 거인

헤라클레스의 탑 아래에 게리온이 묻혀 있어요!

헤라클레스는 사흘 만에 게리온을 해치우고, 게리온의 머리 세 개를 땅에 묻었어요. 게리온의 머리가 묻힌 자리에, 헤라클레스의 탑이 세워졌어요. 헤라클레스의 탑은 고대 로마 사람들이 세웠어요. 배들이 항해하는 것을 도와주는 등대이면서 적의 움직임을 관찰하는 감시탑 역할을 했어요. 높이가 55미터인데 57미터의 바위 지대에 서 있어서 훨씬 크고 높아 보이지요. 헤라클레스의 탑은 지금까지 작동되고 있어서 현재 사용되는 등대 중에서 가장 오래된 등대라는 기록을 가지고 있어요.

〈헤라클레스의 탑〉 스페인 ⓒ유네스코

질문을 읽은 다음, 사다리를 타고 내려가
빈 네모에 정답을 쓰세요.

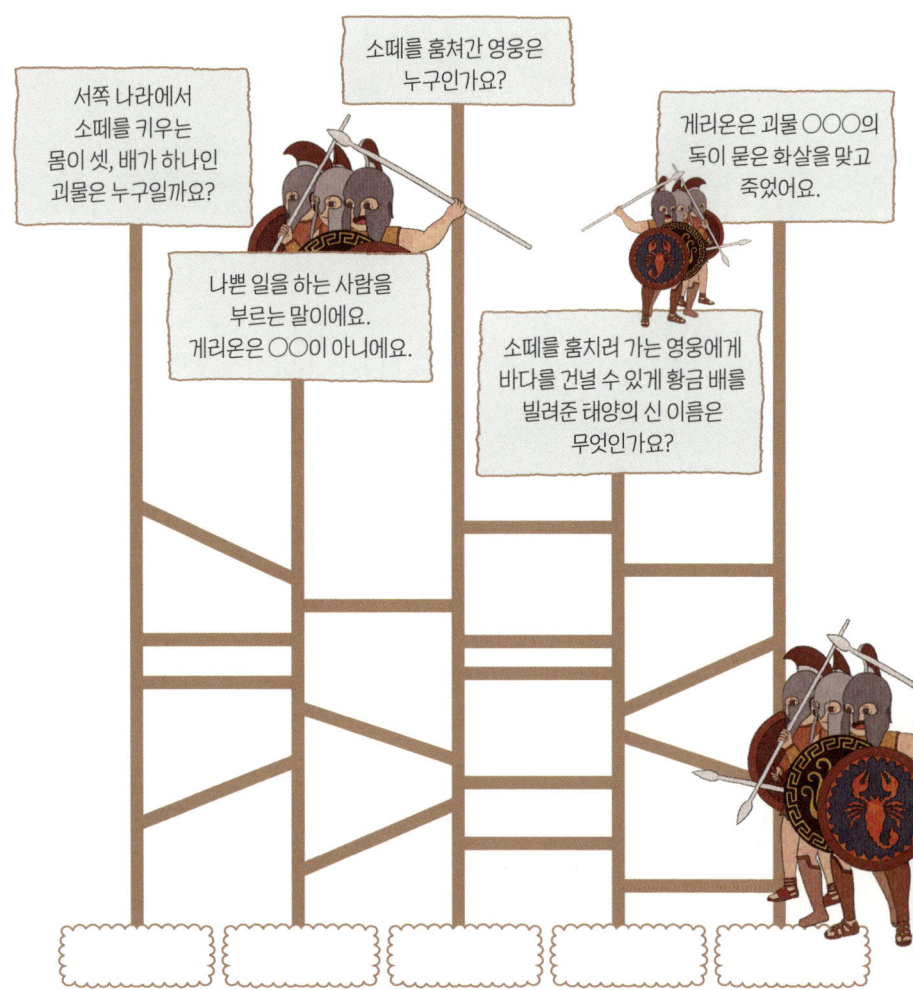

소떼를 훔쳐간 영웅은
누구인가요?

서쪽 나라에서
소떼를 키우는
몸이 셋, 배가 하나인
괴물은 누구일까요?

게리온은 괴물 ○○○의
독이 묻은 화살을 맞고
죽었어요.

나쁜 일을 하는 사람을
부르는 말이에요.
게리온은 ○○이 아니에요.

소떼를 훔치러 가는 영웅에게
바다를 건널 수 있게 황금 배를
빌려준 태양의 신 이름은
무엇인가요?

13

게리온은 머리 셋, 배 하나인 괴물이에요.
눈이 하나인 커다란 괴물도 있어요.
이 괴물의 이름은 무엇일까요?

❶ 트리톤 ❷ 키클로프스

눈이 하나인 커다란 괴물은 ❷ **키클로프스**예요.

커다란 눈이 딱 한 개

머리카락 없음

뚱뚱

뚱뚱

커다란 손

기다란 발

사람도 잡아먹는

외눈박이 거인 아저씨

키클로프스

키클로프스는 어떻게 생겼어요? 키클로프스는 '둥그런 눈'이라는 뜻을 가진 거인 부족이에요. 이름처럼 커다랗고 둥그런 눈알이 이마 한가운데 박혀 있어요. 몸은 거대하고 머리카락이 없으며 커다란 손과 기다란 발을 가지고 있고요. 뚱뚱한 아저씨처럼 표현되는 경우가 많아요.

어디에서 뭘하면서 살아요? 외딴섬의 동굴에 머물면서 양과 염소를 기르는 양치기예요. 섬에서 자라는 식물과 양젖을 먹고 살아요. 이탈리아 시칠리아 섬에서 살았다고 전해져요.

키클로프스는 어떤 능력을 가지고 있어요? 키클로프스는 생각하고 판단할 줄 아는 괴물이에요. 지성[1]을 갖추고 있어요. 손재주도 뛰어났고요. 제우스의 상징인 번개와 바다의 신 포세이돈이 들고 다니는 삼지창, 저승의 신 하데스가 쓴 마법의 투구도 키클로프스가 만들었거든요. 올림포스산에 신들이 머물 수 있는 화려한 궁전도 키클로프스가 지었어요.

> 1) **지성** 새로운 상황에 부딪혔을 때, 본능적으로 행동하지 않고 나은 방법을 찾기 위해 생각하며 해결하려고 하는 성질

손재주가 뛰어난데, 왜 동굴에서 염소를 기르며 살아요? 신화에는 두 종류의 키클로프스가 등장해요. 첫 번째 키클로프스

누구세요? **시칠리아 섬** 이탈리아 남부의 섬. 티폰이 죽어서 묻힌 섬

들은 신들의 무기를 만드는 뛰어난 대장장이들이에요. 이 키클로프스들은 신들을 위해 중요한 무기를 만드는 일을 했지요. 두 번째 키클로프스들이 동굴에 살면서 염소를 기르는 목동들이었어요. 자연 속에서 염소나 양을 기르면서 살았죠. 힘은 셌지만 생각하거나 지혜를 쓰는 것에는 익숙하지 않았어요. 손재주가 좋은 대장장이 키클로프스들은 신들 가까이에서 머물렀고 목동 키클로프스들이 동굴에 살았어요. 동굴에 머무는 목동 키클로프스 이야기가 더 많이 알려져 있어요.

키클로프스는 어떤 성격이에요? 무서운 괴물이에요? 키클로프스들은 혼자 지내는 것을 좋아해요. 하지만 친구가 어려움에 처하면 달려가서 도와주었어요. 은혜를 베풀면 잊지 않고 보답하는 고운 마음씨도 가지고 있어요. 평소엔 제우스를 두려워하지 않을 정도로 건방지고 거만했어요. 야만적[2]인 면도 있어서 인간을 잡아먹기도 했는데 폴리페모스라는 키클로프스가 식인 괴물로 가장 유명해요.

> ② **야만적** 미개해서 문화 수준이 낮은 상태

폴리페모스가 누구예요? 가장 야만적인 외눈박이 괴물로 알려진 키클로프스예요. 바다의 신 포세이돈과 바다의 님프 사이에서 태어났는데 트로이 전쟁의 영웅 오디세우스에게 눈을 잃고 말아요. 하나밖에 없는 눈인데 말이에요.

누구세요?

폴리페모스 키클로프스 중 가장 야만적인 괴물

왜 눈을 잃었어요?　오디세우스 일행이 트로이 전쟁을 끝내고 고향으로 돌아가는 중이었어요. 먹을 것이 떨어진 일행은 폴리페모스가 사는 섬에 들렀어요. 폴리페모스는 오디세우스 일행을 보자마자 동굴에 가두고 한 명씩 잡아먹기 시작했어요. 도망가지 못하게 거대한 바위로 입구를 빈틈없이 막았다가 양들에게 풀을 먹이러 나갈 때만 열었어요. 그것을 본 오디세우스는 밖으로 나갈 수 있는 방법이 떠올랐어요.

오디세우스는 어떤 방법을 떠올렸어요?　오디세우스는 폴리페모스에게 포도주를 먹였어요. 향긋한 포도주에 취한 폴리페모스가 오디세우스에게 이름을 물었어요. 오디세우스는 자신의 이름을 '오티스'라고 알려주었어요. 이름을 들은 폴리페모스는 마음을 푹 놓고 술에 취해 잠에 빠졌어요.

이름을 듣고 마음을 푹 놓은 이유가 뭐예요?　폴리페모스는 "오디세우스에게 눈을 잃을 것이다"라는 신탁을 받았거든요. 그래서 오디세우스에게 이름을 물은 거예요. 꾀가 많은 오디세우스는 이름 대신 '오티스' 라고 대답했지요. 오티스는 '아무도 아닌 사람'이라는 뜻이에요. 폴리페모스가 잠들자 오디세우스는 불에 달군 곤봉[3]으로 폴리페모스의 눈을 푹 찔렀어요. 폴리페모스가 비명을 지르며 깨어나서 친구들에게 도와달라고 소리쳤어요.

(3) **곤봉** 짤막한 방망이

키클로프스들은 친구가 어려움에 처하면 도우니까 힘을 합쳐 오디세우스를 물리쳤겠지요? 아니에요. 폴리페모스가 도와달라고 소리치자 친구들이 달려와 무슨 일이냐고 물었어요. 폴리페모스가 대답했지요. "아무도 아닌 사람이 내 눈을 찔렀어!" 친구들은 그 말을 듣고 도와주지 않았어요. 아무도 아닌 사람이 찔렀다고? 폴리페모스가 장난치는 거라고 생각했던 거예요. 뜨거운 곤봉에 눈이 찔린 폴리페모스는 비명을 지르며 겨우 곤봉을 뽑았지만 앞이 보이지 않았어요. 아무도 공격할 수 없었지요.

오디세우스 일행은 동굴에서 무사히 도망쳤어요? 폴리페모스는 눈을 잃었어도 양들에게 풀을 먹여야 했어요. 오디세우스와 병사들은 그때 탈출하려고 기다렸지요. 폴리페모스는 양들이 나갈 때 오디세우스가 도망갈까 봐 걱정되었어요. 그래서 양을 동굴 밖으로 내보낼 때 양의 등을 손으로 만져보았어요. 오디세우스와 병사들은 등이 아닌 양의 배에 매달려서 무사히 동굴을 빠져나올 수 있었지요. 탈출에 성공한 오디세우스는 의기양양하게 외쳤어요. "나는 오티스가 아니라 오디세우스다." 거짓말에 속은 폴리페모스는 화가 치밀었어요. 아버지인 포세이돈에게 복수해달라고 기도했어요. 기도를 들은 포세이돈이 높고 거친 파도를 보내자 배가 부서지고 병사들이 죽었어요. 전쟁에서 수집한 전리품[4]은 바다에 가라앉아버렸어요. 그리고 오디세우스는 험난한 모험을 해야 했지요.

> (4) **전리품** 전쟁에서 적군에게 빼앗은 물품

우람한 키클로프스 vs 귀여운 키클로프스

〈퍼시 잭슨과 번개 도둑〉은 그리스 로마 신화를 담은 영화예요. 번개를 도둑 맞은 제우스와 도둑으로 몰린 퍼시의 흥미진진한 대결을 보여주고 있어요. 영화 속 키클로프스는 우람한 근육질 몸을 가진 아저씨로 등장해요. 신화에서 그려진 키클로프스와 비슷한 모습이에요. 현실 세계에 나타난다면, 딱 이 모습일 것 같지 않나요?

〈꼬마 영웅 패티의 대모험〉은 주인공인 생쥐 패티가 화가 난 포세이돈과 맞서는 애니메이션 영화예요. 영화 속 키클로프스는 몹시 귀여운 모습이에요. 하지만 이들이 사는 섬에 들어간 배가 돌아온 적은 한 번도 없대요. 깜찍한 외모지만 커다란 바위도 한 손으로 던지는 어마어마한 힘을 가지고 있고요. 같은 괴물을, 다른 모습으로 표현한 키클로프스를 찾아보며 영화를 감상해 볼까요?

〈퍼시 잭슨과 번개 도둑〉 속
키클로프스

이아손과 아르고 원정대
〈꼬마 영웅 패티의 대모험〉 속
키클로프스

키클로프스를 완성해볼까요? (재미있게 꾸며도 좋아요!)

14

키클로프스는 커다란 눈 한 개를 가진 괴물 거인이에요.
키클로프스처럼 눈이 한 개인데, 그 눈을 세 명의 자매가
함께 쓰는 괴물이 있어요. 누구일까요?

❶ 메두사 　　❷ 그라이아이

눈 한 개를 세 명의 자매가 함께 쓰는 괴물은 ❷ **그라이아이**예요.

눈알도 하나, 이빨도 하나인
세 할머니 괴물
그라이아이

할머니 외모

눈알 없는 눈

이빨 없는 입

언제나 **셋이 함께**

포르퀴스
바다의 노인 신

♥

케토
바다 괴물 여신

그라이아이 자매

고르고네스 자매

눈 한 개를 세 명이 함께 쓴다고요? 그라이아이는 어떻게 생겼어요? 그라이아이는 '늙은 여자'라는 뜻이에요. 회색 빛깔 머리카락과 쭈글쭈글한 얼굴을 가진 백발 할머니 괴물이에요. 그라이아이는 세 자매가 함께 다니는데, 눈알이 없는 눈과 이가 없는 입을 가지고 있어요. 세 자매에게는 이빨과 눈이 딱 하나뿐이라 셋이서 번갈아 사용해요.

그라이아이는 태어날 때부터 노인의 모습이었어요? 맞아요. 그라이아이는 태어날 때부터 머리카락이 온통 새하얀 할머니의 모습이었어요. 그라이아이는 바다의 신 포르퀴스와 바다 괴물 여신인 케토 사이에서 태어났어요. 아버지인 포르퀴스는 '바다의 노인'이라는 뜻이에요. 물고기 꼬리를 가진 할아버지의 모습인데, 그라이아이의 외모는 아버지에게서 물려받은 것 같아요. 노인의 모습으로 태어난 걸 보면 말이에요.

누구예요?

포르퀴스 바다의 노인 신 **케토** 바다 괴물 여신

그라이아이 세 자매는 각각 이름이 있나요? 세 자매는 각각 데니오, 에니오, 펨프레도라는 이름을 가지고 있어요. 데니오는 '무서운'이라는 뜻이고, 에니오는 '공포', 펨프레도는 '깜짝 놀라게 하는'이라는 의미예요. 이름도 외모처럼 으스스하지요?

그라이아이는 어디에 살고 있어요? 세상의 서쪽 끝 외딴곳에 살고 있어요. 그곳에서 온통 회색으로 꾸민 집에 머물렀죠. 어느 날, 외딴곳 회색 집에 낯선 이가 방문했어요. 그라이아이는 낯선 방문객에게 하나뿐인 눈을 빼앗기고 말아요.

한 개뿐인 눈을 뺏겼다고요? 무슨 일이 있었어요? 낯선 방문객은 <u>페르세우스</u>였어요. 메두사를 죽인 페르세우스를 기억하죠? 바로 이 페르세우스에게 하나뿐인 눈을 뺏겼어요. 페르세우스는 그라이아이 세 자매가 눈을 번갈아 끼워 넣는다는 것을 미리 알고 있었거든요.

페르세우스는 어떻게 그라이아이의 눈을 뺏었어요? 그라이아이가 사는 회색 집에는 손님이 거의 찾아오지 않았어요. 모처럼 방문한 손님을 보려고 그라이아이는 고개를 쑥 내밀었죠. 눈알을 주고받으려는 순간, 페르세우스가 눈알을 낚아챘어요. 눈알을 뺏긴 그라이아이는 무슨 일이 일어난 건지 알 수 없어서 두리번거리며 허공을 휘젓기만 했지요.

페르세우스 메두사를 죽인 영웅

페르세우스는 왜 그라이아이의 눈을 뺏었어요? 페르세우스는 메두사를 죽이기 전에 먼저 그라이아이를 찾아갔어요. 메두사는 <u>고르고네스</u> 세 자매 중 막내인데 자매가 어디에 사는지 아무도 몰랐어요. 유일하게 그라이아이 세 자매만 알고 있었지요. 고르고네스 세 자매는 그라이아이의 동생들이거든요.

고르고네스가 누구예요? 고르고네스는 세 명의 괴물 자매예요. 머리카락은 뱀이고, 멧돼지 같은 송곳니를 가졌어요. 고르고네스와 눈이 마주치면 모두 돌로 변했어요. 메두사와 똑같죠? 메두사는 고르고네스 세 자매의 막냇동생이에요 두 명의 언니는 죽지 않는 불사의 존재였지만 막내인 메두사는 그렇지 않았어요.

메두사가 고르고네스였어요? 아테나 여신을 모시던 아름다운 신녀 아니에요? 맞아요. 메두사에 관한 이야기는 두 가지가 전해지고 있어요. 아테나 여신을 모시던 아름다운 여인인 메두사가 저주를 받아 괴물로 변했다는 이야기가 있고요. 고르고네스 자매였다는 이야기도 있어요. 오랜 세월 동안 전해져온 신화이기 때문에 다양한 형태의 이야기로 남아있어요.

페르세우스는 고르고네스가 사는 곳을 알아냈어요? 하나뿐인 눈알을 뺏긴 그라이아이는 화가 나서 눈알 도둑을 잡으려고 했지만 눈이 보이지 않으니 아무것도 할 수 없었어요. 페르세우

누구세요**?**

고르고네스 그라이아이 동생들. 막내가 메두사

스는 그라이아이를 협박했어요. 고르고네스가 사는 곳을 알려주지 않으면 눈알을 호수에 던져버리겠다고 말이에요. 그라이아이는 어쩔 수 없이 고르고네스가 사는 곳을 알려주었어요. 페르세우스는 눈알을 돌려주고 고르고네스가 사는 곳으로 떠났어요. 그라이아이는 눈알을 돌려받고 겨우 평화를 되찾았어요. (페르세우스가 눈알을 돌려주지 않고 호수에 던져버렸다는 이야기도 있어요)

고르고네스는 어디에 살고 있었어요? 고르고네스도 그라이아이 자매처럼 세상의 서쪽에 살고 있었어요. 헤라클레스가 소 떼를 키우는 게리온을 죽여서 묻은 곳을 기억하나요? 게리온이 묻힌 곳에 헤라클레스의 탑이 세워졌죠. 탑이 세워진 지브롤터 해협 근처에 고르고네스 자매가 살고 있었어요. 세상에서 동떨어진 곳이어서, 낮의 태양도 밤의 달도 내려다보지 않는 곳이라고 사람들은 생각했어요. 페르세우스는 그곳에서 메두사를 찾아내서 죽인 거예요.

그라이아이가 모는 택시, 타 볼래요?

영화 〈퍼시 잭슨〉 시리즈에는 괴물 키클로프스가 등장하죠. 특별한 택시 운전사들도 만날 수 있어요. '지옥 마차 택시'라고 부르는 영화 속 택시의 운전사가 바로 그라이아이 자매거든요. 신화에서처럼 눈알 하나와 이빨 하나를 가졌지만, 할머니가 아닌 중년 여인의 모습으로 나와요. 눈알과 이빨을 같이 써야 해서, 언제나 함께 붙어 다니기 때문에 그라이아이의 '지옥 마차 택시' 앞좌석에는 세 사람이 나란히 타고 있어요.

"눈을 누가 가져간 거야? 너니? 아니야? 너구나. 이빨은 누구한테 있는 거야? 이번엔 내 차례라구!"

운전하는 내내 수다스럽고 투덜거림이 끊이질 않아요. 무서운 택시일 줄 알았는데, 귀가 따가운 택시일 것 같지요?

영화 〈퍼시 잭슨과 올림포스의 신〉에 등장한 그라이아이

〈페르세우스와 그라이아이〉에드워드 번 존스, 1892년

눈알을 낚아채는 페르세우스

그림 속 그라이아이는 할머니가 아니라 젊은 여인의 모습이지요? 그라이아이 세 자매는 눈알과 이빨을 서로 돌려쓰는데 그중 이빨은 특별한 능력을 갖고 있어요. 평소엔 쭈글쭈글한 노파의 모습이지만 이빨을 끼우면 젊은 여인으로 보이게 만들거든요. 우리에게 얼굴을 돌린 그라이아이가 이빨을 끼웠나 봐요.

페르세우스는 허리를 구부려 눈알을 빼앗으려고 하는 것 같지요? 눈알을 뺏긴 그라이아이는 페르세우스에게 고르고네스 자매가 있는 곳을 알려주어요. 대답을 들은 페르세우스가 눈알을 돌려주었어요. 하지만 눈알을 돌려주지 않고 호수에 던져버렸다는 이야기도 전해지고 있어요.

질문을 읽고 올바른 답을 고르세요.

1. 다음 중 그라이아이는 누구일까요? (   )

①   ②   ③   ④

2. 빈 칸에 들어갈 숫자를 차례로 쓰세요.

그라이아이는 _____ 자매예요.

하지만 이빨이 _____ 개이고 눈도 _____ 개뿐이에요.

3. 그라이아이에 대한 설명을 읽고 맞으면 ○, 틀리면 × 하세요.

그라이아이는 '늙은 여자'라는 뜻이에요. (   )

그라이아이는 노란색으로 꾸민 집에 살았어요. (   )

어느 날 헤라클레스가 나타나 그라이아이의 눈을 빼앗아갔어요. (   )

그라이아이는 고르고네스의 언니들이에요. (   )

15

?

그라이아이는 할머니 모습을 한 괴물이에요.
젊은 여인의 모습을 한 괴물도 있어요.
이 괴물은 누구일까요?

❶ 엠푸사　　　❷ 켄타우로스

젊은 여인의 모습을 한 괴물은 ❶ **엠푸사**예요.

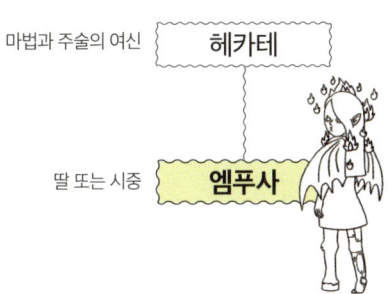

마법과 주술의 여신 — 헤카테

딸 또는 시중 — 엠푸사

엠푸사는 어떻게 생겼어요? 등에는 박쥐 날개가 달려있고 머리카락이 불타고 있는 젊고 아름다운 여인의 모습이에요. 엠푸사는 '외발이'라는 뜻이에요. 한쪽 다리는 당나귀 다리이고 다른 한쪽 다리는 로봇 다리처럼 보이는 청동 다리를 가지고 있어요.

엠푸사는 어떤 괴물이에요? 엠푸사는 마법과 주술의 여신 헤카테의 딸이에요. 그래서 자유자재로 모습을 바꿀 수 있어요. 주로 젊은 여인의 모습으로 변신해서 상대방을 겁주거나 유혹해서 잡아먹는 식인 괴물이에요.

아이들을 잡아먹는 엄마 괴물 라미아와 비슷한 점이 많은 것 같아요. 맞아요. 라미아도 젊은 여성의 모습으로 아이들을 잡아먹지요? 엠푸사도 여인의 모습으로 젊은 남자를 유혹해서 잡

누구예요?

헤카테 마법과 주술의 여신
라미아 아이들과 젊은 남자를 잡아먹는 식인 괴물

아먹어요. 라미아와 엠푸사 모두, 사람을 잡아먹는 식인 괴물이에요. 특히 엠푸사는 피를 빨아먹었기 때문에 뱀파이어의 기원이 된 괴물이라고 여겨요. 뱀파이어는 깊은 밤이 되면 무덤에서 나와 사람의 피를 빨아먹는 전설 속의 괴물이에요. 하지만 엠푸사는 뱀파이어와는 다른 점이 있어요.

엠푸사는 뱀파이어와 어떻게 달라요? 뱀파이어는 피만 빨아먹지만 엠푸사는 죽은 사람의 고기까지 먹어치웠어요. 외모와 다르게 엠푸사는 무척 잔인한 괴물이지요?

엠푸사를 물리칠 수 있는 방법이 있어요? 엠푸사는 마음 먹은 대로, 어떤 모습으로든 자유롭게 변신할 수 있어요. 엠푸사인지 엠푸사가 변신한 모습인지 아니면 보통 인간인지 알아채기가 어려워요. 물리치기도 쉽지 않았죠. 하지만 아폴로니오스라는 사람이 엠푸사를 물리칠 수 있는 방법을 찾아냈어요.

어떤 방법으로 엠푸사를 물리칠 수 있어요? 아폴로니오스는 지혜롭고 현명해서 사람들이 현자[1]라고 불렀어요. 어느 날, 아폴로니오스는 제자의 결혼식에 참석했어요. 신부는 젊고 아름다운 과부였어요. 남편이 죽고 혼자 남은 부인을 과부라고 해요. 아

1) **현자** 현명한 사람

뱀파이어 피를 빨아먹는 흡혈 괴물
아폴로니오스 엠푸사를 쫓아버리는 방법을 알아낸 사람

폴로니오스는 신부를 유심히 살펴보았어요. 그녀가 젊은 남자를 유혹해서 잡아먹는 엠푸사라는 걸 눈치챘어요.

엠푸사라는 것을 어떻게 눈치챘어요? 신부는 누구나 감탄할 만큼 아름다운 여인의 모습이었어요. 하지만 아폴로니오스는 새하얀 드레스 아래에 살짝 드러난 엠푸사의 발을 보았죠. 사람의 발이 아닌 동물의 발이었던 거예요. 그녀가 과부인 이유도, 결혼한 남편을 잡아먹었기 때문이라고 판단했어요. 아폴로니오스는 신부인 엠푸사를 향해 큰소리로 고함을 치며 욕설을 퍼부었어요. 그랬더니 엠푸사가 날카로운 소리를 내며 사라졌어요. 그 뒤로 사람들은 엠푸사를 만나면 모욕과 저주를 담은 욕설을 큰소리로 퍼부었어요. 그러면 엠푸사가 바로 도망치거든요.

엠푸사는 죽지 않아요? 사람들은 엠푸사를 쫓아버릴 방법은 알아냈지만 죽이는 방법은 알지 못했어요. 밤이 되면 엠푸사는 거리를 돌아다녔어요. 길에서 자고 있는 남자를 발견하면 유혹해서 피를 빨아먹고 살을 먹어치웠지요. 어느 날, 엠푸사는 평소처럼 밤거리를 뒤지고 있었어요. 그때 한 남자가 눈에 띄었어요. 그를 유혹한 다음 잡아먹으려고 공격했죠. 앗! 하지만 그는 보통 인간이 아니었어요. 제우스였지요! 제우스는 몹시 분노해서 엠푸사를 죽였어요. 제우스의 손에 엠푸사는 영원히 사라졌어요.

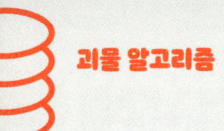

뱀파이어에서 살아남기!

엠푸사는 피를 빨아먹는 특성이 있어서 뱀파이어의 기원이 되었어요.
뱀파이어는 사람의 피를 빨아먹고 죽이는 귀신 괴물이에요. 죽었다 다
시 살아난 귀신 괴물인데 피를 빨아먹기 때문에 흡혈귀라고 불러요. 가
장 유명한 뱀파이어는 드라큘라예요. 아일랜드의 소설가인 브램 스토커
가 1897년에 《드라큘라》라는 소설을 출간했어요. 소설에 등장하는 드라
큘라는 영원히 늙지 않고 죽지도 않아요. 밤에만 활동하면서 피를 마시는
데, 드라큘라에게 물린 인간도 드라큘라가 되고 말아요. 소설 《드라큘라》
는 큰 인기를 끌었고 영화로
도 만들어졌어요. 우리가 떠
올리는 드라큘라의 모습은
영화 속 모습과 비슷해요.

여기! 뱀파이어의 특징을 적
은 비밀쪽지를 만들었어요.
뱀파이어를 만나도 공격 당
하지 않고 살아남을 수 있겠
지요?

영화 〈드라큘라〉

뱀파이어 구별법

- ☑ 얼굴이 무척 새하얗다
- ☑ 송곳니가 크고 날카롭다
- ☑ 박쥐, 늑대, 안개로 변신한다
- ☑ 흐르는 물 위를 건너갈 수 없다
- ☑ 십자가를 보면 약해진다
- ☑ 마늘을 싫어한다
- ☑ 햇빛에 닿으면 재로 변한다
- ☑ 영혼이 없기 때문에 거울로 보면 보이지 않는다
- ☑ 은으로 만든 무기로 공격하면 손상을 입힐 수 있다
- ☑ 심장에 말뚝을 박으면 소멸한다

자기소개를 틀리게 한 뱀파이어를 찾아서 X하세요.

얼굴이 새하얗지

흐르는 물 건너기를 좋아해

독수리로 변신할 수 있어

햇빛을 받으면 피를 흘려

마늘을 싫어해

거울로 보면 나를 볼 수 있어

16

엠푸사는 젊은 여인의 모습을 한 괴물이에요.
엠푸사처럼 젊은 여인의 모습인데,
노래를 불러 사람들을 죽이는 괴물은 누구일까요?

❶ 키마이라　　❷ 세이렌

노래를 불러 사람들을 죽이는 괴물은 ❷ **세이렌**이에요.

세이렌이 누구예요? 세이렌은 바다의 마녀예요. 얼굴은 여자, 몸은 새인데 바닷가 외딴섬에 모여 살면서 근처를 지나는 배를 위험에 빠트렸어요. 하지만 처음부터 마녀[1]는 아니었어요. 원래는 아름다운 님프였는데 변해버린 거예요.

> 1 **마녀** 주문이나 마술을 써서 사람에게 불행을 가져다주는 여인

아름다운 님프가 왜 마녀가 되었어요? 대지의 신 데메테르 때문이에요. 데메테르에게는 페르세포네라는 어여쁜 딸이 있었어요. 세이렌은 페르세포네의 하녀이자 친구였어요. 어느 날, 저승의 신 하데스가 페르세포네를 보고 한눈에 반하고 말았어요. 하데스는 페르세포네를 납치해서 저승으로 데려가버렸지요. 느닷없이 딸을 잃어버린 데메테르는 제정신이 아니었어요. 세이렌들[2]에게 페르세포네를 찾아서 구출해 오라고 명령했지요.

> 2 **세이렌들** 새의 몸에 여자 얼굴을 한 괴물을 세이렌이라고 불렀어요.
> 그래서 세이렌은 여러 명이에요

세이렌들이 페르세포네를 찾았어요? 세이렌들은 페르세포네가 들을 수 있게, 함께 부르던 노래를 부르며 찾아다녔어요. 하지만 어디에서도 찾을 수 없었어요. 페르세포네는 죽은 영혼이 머무는 저승에 있었으니까요. 데메테르는 페르세포네를 구하지 못한 세이렌들에게 화가 났어요. 세이렌의 꼬리를 두 갈래로 쪼갠

데메테르 대지, 곡물의 여신
페르세포네 데메테르의 딸. 저승의 신 하데스에게 납치 당함
하데스 저승의 신. 지하의 신

후에 외딴곳으로 보내버렸죠.

세이렌은 어디로 보내졌어요?　세이렌이 보내진 곳은 암초가 많은 바닷가였어요. 바닷속에 잠겨있는 바위나 산호초가 물 위로 살짝 올라온 것을 암초라고 해요. 암초는 수면과 가까워서 잘 보이지 않기 때문에 항해할 때 선원들은 무척 주의해야 해요. 더구나 세이렌이 사는 곳은 폭이 좁아서 물살이 세게 흐르기 때문에 암초만큼이나 위험했어요. 세이렌은 그곳에 살면서 지나가는 배를 발견하면 노래를 불렀어요.

세이렌의 노래는 얼마나 위험해요?　세이렌은 노래만으로 사람들을 죽게 만들었어요. 세이렌이 사는 지역을 지나가야 할 때면 선원들은 겁을 먹었죠. 세이렌의 노랫소리는 무척 아름다웠는데 선원들은 노랫소리에 정신이 팔려서 자기도 모르는 사이 세이렌이 사는 섬으로 더 가까이 다가가게 돼요. 세이렌의 섬 주변엔 암초가 가득했고 물살이 거셌기 때문에 배는 순식간에 부서지고 선원들은 물에 빠져 죽고 말아요. 하지만 노랫소리를 듣고도 세이렌의 섬을 통과한 배가 딱 두 척 있었어요.

무사히 통과한 두 척은 어떤 배예요? 그리스 신화에 이아손이라는 영웅이 있어요. 이아손은 빼앗긴 왕국을 되찾기 위해 아르고호라는 배를 타고 멀리 탐험을 떠나요. 아르고호에는 오르페우스가 타고 있었어요. 오르페우스는 세상에서 리라를 가장 아름답게 연주했죠. 아르고호가 세이렌의 섬을 지날 때, 오르페우스는 리라를 연주하며 노래를 불렀어요. 오르페우스가 저승의 문지기 개 케르베로스를 잠들게 한 이야기를 기억하죠? 천상³의 음악과도 같은 연주가 시작되자, 세이렌의 노랫소리도 힘을 잃고 말았어요. 아르고호 선원들은 무사히 섬을 통과할 수 있었어요.

③ **천상** 하늘 위

아르고호 말고 또다른 한 척은 어떤 배인가요? 오디세우스의 배였어요. 스킬라와 카리브디스 사이를 무사히 통과하고, 외눈박이 거인 키클로프스의 하나뿐인 눈을 멀게 한 오디세우스 알죠? 오디세우스의 배는 스킬라 바위를 지나기 전에 세이렌의 섬도 통과해야 했어요. 오디세우스는 마녀 키르케를 찾아갔지요. "살아서 지나갈 수 있는 방법을 알려주세요." 키르케는 살아남을 수 있는 방법을 알려주었어요. "세이렌의 노래를 듣지 않아야 한다. 섬을 지나갈 때 밀랍⁴으로 귀를 단단히 막아라!" 오디세우스는 선원들에게 밀랍으로 귀를 막으라고 명령했어요. 그 덕분에 오디세우스와 선원들은 무사히 세이렌의 섬을 통과할 수 있었어요. 쉿! 여기에 비밀이 하나 있어요. 오디세우스는 귀를 막지 않았대요!

④ **밀랍** 꿀벌이 벌집을 만들기 위해 분비하는 물질. 상온에서 단단하게 굳는 성질이 있음

오디세우스는 왜 귀를 막지 않았어요? '도대체 어떤 노래길래 사람들을 죽게 만드는 걸까?' 오디세우스는 궁금했어요. 그래서 돛대에 몸을 꽁꽁 묶고는 선원들에게 말했어요. "나는 귀를 막지 않겠소. 혹시 내가 세이렌의 노래를 듣고 풀어달라고 하거든 더 단단히 묶어주시오!" 배가 움직이고 드디어 세이렌이 머무는 지역으로 들어갔죠. 노랫소리가 들려오자 오디세우스는 밧줄을 풀고 세이렌이 사는 섬으로 가까이 가려고 몸부림쳤어요. 하지만 돛대에 단단히 묶여 있었기 때문에 겨우 살아남을 수 있었지요. 오디세우스는 세이렌의 노래가 영혼을 빨아들이는 신비로운 소리였다고 말했어요.

세이렌은 왜 사람을 죽였어요? 고대 사람들은 바다를 매우 위험한 곳이라고 생각했어요. 굉장히 넓고 캄캄한 어둠으로 가득하다고 여기며 두려워했지요. 폭풍우나 풍랑, 소용돌이, 암초 때문에 많은 사람들이 목숨을 잃었거든요. 사람들은 폭풍우나 암초 등을 사람을 잡아먹는 바다 물귀신으로 생각했어요. 아름다운 노랫소리로 선원을 위험에 빠트리는 세이렌도 마찬가지예요. 풍랑이나 거친 바람 소리를 여인으로 의인화[5]했다고 여겨요. 바닷속에 사는 인어는 신비롭고 아름다운 모습이지만, 우리가 잘 알지 못하는 바다에 숨겨진 위험을 알려주는 존재라고 할 수 있어요.

⑤ **의인화** 사람이 아닌 것을 사람처럼 표현하는 것

삐용삐용 사이렌 vs 홀짝홀짝 사이렌

삐용삐용 사이렌

삐용삐용 울리는 사이렌도, 괴물 세이렌에서 가져온 이름이에요. 위험할 때 소리를 내는 경보장치를 사이렌이라고 불러요. 이 경보장치는 1819년 프랑스의 투르라는 발명가가 만들고 사이렌이라는 이름을 붙였어요. 신화 속 사이렌이 노래를 불러서 선원들을 위험에 빠트렸잖아요. 투르는 이와 반대로 높은 소리로 위험을 알려주어서 사람들이 위험에 빠지지 않게 한 거예요. 이름은 같지만 쓰임은 정반대예요.

스타벅스 로고 ⓒ스타벅스

홀짝홀짝 사이렌은 무엇일까요? 커피를 판매하는 스타벅스라는 브랜드를 알지요? 이 브랜드에는 초록 바탕에 두 갈래 꼬리를 가진 인어가 그려져 있어요. 이 인어가 바로 세이렌이에요. 세이렌은 고대에는 새처럼 생겼지만, 시간이 지나면서 사람과 물고기가 결합된 모습으로 바뀌었어요. 인어처럼 말이에요. 스타벅스의 창업자 하워드 슐츠는 세이렌이 선원들을 홀렸던 것처럼 커피로 사람들을 홀리게 하겠다는 의미를 담았다고 해요.

질문을 읽고 맞으면 ○,
틀리면 ✕에 표시하세요.

세이렌은 깊은 숲속에 살면서
지나가는 여행자를 잠들게 해요.

세이렌의 노랫소리를 듣고
살아남은 사람은 없어요.

세이렌은 새의 모습이었다가
점점 인어의 모습으로 알려졌어요.

세이렌은
아름다운 휘파람을 불어요.

오디세우스는 돛대에 몸을 묶고
귀를 밀랍으로 막았어요.

데메테르 여신은 오디세우스에게
살아남는 방법을 알려주었어요.

17

세이렌이 인어의 모습이기 전에는 새의 모습이었어요.
고대 세이렌의 모습과 비슷하며,
새의 모습을 한 괴물은 누구일까요?

❶ 하르피이아이　　　**❷ 바실리스크**

새의 모습을 한 괴물은 **❶ 하르피이아이**예요.

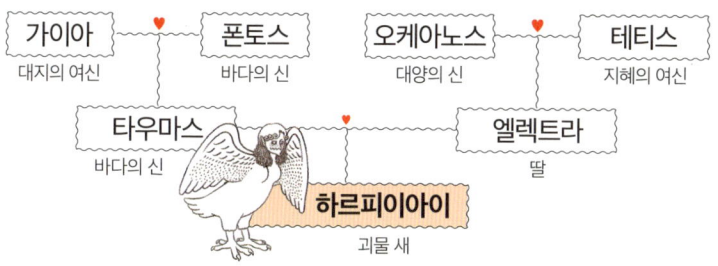

가이아
대지의 여신

폰토스
바다의 신

오케아노스
대양의 신

테티스
지혜의 여신

타우마스
바다의 신

엘렉트라
딸

하르피이아이
괴물 새

하르피이아이가 누구예요? 하르피이아이는 새의 몸에 인간의 얼굴이 달린 괴물이에요. '약탈자'라는 뜻인데, 이름처럼 사람의 물건을 뺏기도 하고 죽은 사람의 영혼을 낚아채기도 하지요. 몹시 고약한 냄새가 나서 하르피이아이가 지나가고 나면 사람들은 무척 괴로웠어요.

세이렌과 비슷하게 생겼어요? 여자 얼굴에 새 몸통을 가진 고대 세이렌의 모습과 비슷해요. 하르피이아이도 반은 여인이고 반은 새의 모습이거든요. 하지만 세이렌은 아름다운 여인의 얼굴을 가졌는데 하르피이아이는 늘 굶주려 있기 때문에 창백하고 끔찍한 마녀의 얼굴을 하고 있어요. 길고 날카로운 발톱을 가졌고, 유리가 깨지는 것 같은 소리를 내요. 비슷한 모습을 하고 있지만 세이렌보다 훨씬 추악하고 혐오스러운 괴물이에요.

하르피이아이는 착한 괴물이에요? 그렇지 않아요. 하르피이아이는 사람들을 괴롭히고 해를 끼치는 나쁜 괴물이에요. 뺏고 파괴하는 것을 좋아하는 잔인한 괴물이죠. 새들보다 날쌔고 바람보다 빠르게 날아다니면서 사람들의 물건을 약탈하기 때문에 약탈자라고 불러요. 특히 빠른 속도로 이동하면서 죽은 사람의 영혼을 낚아채기 때문에 저승사자라고 부르기도 해요.

하르피이아이가 저승사자라고요? 하르피이아이는 죽은 사람의 영혼을 낚아채서 저승으로 데려가는 역할도 해요. 잘못을 저지른 인간들을 타르타로스라고 부르는 지옥으로 데려가서 영원히 고통받게 하지요. 하지만 하르피이아이는 영혼을 나르는 괴물보다 사람들을 괴롭히는 괴물로 알려져 있어요. 특히 눈이 먼 피네우스 왕을 괴롭혀서 쫄쫄 굶게 만든 이야기가 유명해요.

피네우스 왕을 어떻게 괴롭혔어요? 피네우스는 트라키아 지방의 왕이면서 눈이 먼 예언자예요. 피네우스 왕이 음식을 먹으려고 할 때마다 하르피이아이가 나타났어요. 하르피이아이들[1]은 왕의 음식에 똥을 싸서 먹지 못하게 만들었어요. 훔쳐가기도 했고요. 피네우스 왕은 쫄쫄 굶을 수밖에 없었지요. 하르피이아이는 피네우스 왕에게 왜 이런 짓을 했을까요? 사실은 피네우스 왕이 저주를 받았기 때문이에요.

> [1] **하르피이아이들** 새의 몸에 인간의 얼굴이 달린 괴물 새를 모두 하르피이아이라고 불러요. 그래서 여러 마리의 하르피이아이가 존재해요.

왜 저주를 받았어요? 피네우스 왕은 원래 장님이 아니었어요. 피네우스 왕은 클레오파트라라는 여인과 결혼하여 두 아들을 두

누구세요?

피네우스 트라키아 지방의 왕. 눈이 보이지 않는 예언자
클레오파트라 피네우스의 아내

었어요. 클레오파트라가 세상을 떠나자 피네우스는 <u>이다이아</u>라는 여인과 재혼했어요. 그런데 새엄마인 이다이아는 클레오파트라와의 사이에서 태어난 두 아들을 미워했어요. 두 아들이 새엄마인 자신을 유혹하려 했다고 모함했어요. 피네우스는 그 말을 그대로 믿었죠. 두 아들의 눈을 멀게 만들고 감옥에 가두어 버렸어요. 이 모습을 본 제우스는 크게 화를 냈어요. "두 아들과 똑같이 장님이 되겠느냐? 죽음을 택하겠느냐? 둘 중 하나를 선택하라!" 피네우스는 장님이 되는 쪽을 선택했어요. 눈이 멀더라도 오래 살기를 택한 거지요. 그런데 이 선택 때문에, 피네우스는 태양신 <u>헬리오스</u>에게 저주를 받게 돼요.

헬리오스가 왜 저주를 내렸어요?

피네우스 왕이 빛이 아니라 오래 살기를 선택하자 헬리오스는 분노했어요. 태양신 헬리오스가 세상에서 가장 소중하게 여기는 것은 태양빛이었으니까요. 빛을 포기한 피네우스를 용서할 수 없었죠. 헬리오스는 음식을 먹을 수 없게 만드는 저주를 내렸어요. 음식을 먹으려고 할 때마다 하르피이아이가 나타나서 음식을 빼앗거나 더럽게 만들었지요. 피네우스 왕은 어떤 음식도 먹을 수가 없었어요.

하르피이아이 때문에 먹지 못한 피네우스 왕은 어떻게 되었어요?

눈이 먼 채로 음식을 먹지 못한 피네우스 왕은 죽기 직전의 상태에 이르렀어요. 그때 아르고호가 피네우스의 나라에

이다이아 클레오파트라가 죽은 후 결혼한 피네우스의 아내
헬리오스 태양신

들렸어요. 이아손이 이끄는 아르고 원정대 기억하지요? 원정대
가 도착했을 때 피네우스 왕은 비참한 상황이었어요. 금방이라도
죽을 것 같은 몰골[2]이었지요. 아르고 원정대는 피네우스 왕에게
자신들의 모험이 성공할 수 있을지 알려달라고 했어요. 피네우스
왕은 예언 능력을 가지고 있으니까요. 왕은 하르피이아이가 자신
을 괴롭히지 않게 해주면 알려주겠다고 답했어요.

> **2)** **몰골** 볼품 없는 모양새

아르고 원정대가 하르피이아이를 물리쳤나요?
아르고 원정
대는 자신들이 음식을 먹는 곳으로 왕을 초대했어요. 왕이 음식
을 먹으려 하자, 어김없이 하르피이아이들이 날아들었어요. 이때
북풍의 신 보레아스의 두 아들이 나타나 하르피이아이를 쫓아버
렸어요. 하르피이아이가 되돌아올 수 없도록 먼 곳까지 갔죠. 그
런 다음 스틱스강에 걸고 맹세하도록 했어요. 하르피이아이는 다
시는 피네우스 왕을 괴롭히지 않겠다고 맹세했지요. 스틱스강에
한 맹세는 신조차도 어길 수 없으니까요. 피네우스 왕은 하르피
이아이의 괴롭힘에서 마침내 벗어날 수 있었어요.

하르피이아이를 물리쳤으니 피네우스 왕은 아르고 원정대의 미래를 알려주었나요?
피네우스 왕은 아르고호가 앞으로 맞
닥뜨릴 위험을 얘기해주었어요. 헤쳐나갈 수 있는 방법도 알려주
있고요. 아르고 원정대는 피네우스 왕의 조언대로 차근차근 위
험을 이겨내며 모험을 계속할 수 있었어요.

이아손 빼앗긴 왕국을 되찾기 위해 아르고호를 타고 모험하는 영웅
보레아스 북풍의 신

자폭무인항공기가 된 하르피이아이

무인항공기는 사람이 탑승하지 않은 항공기를 말해요. 이스라엘 무인항공기 중 하피라는 이름을 가진 항공기가 있어요. 하르피이아이에서 따온 이름이에요. 무인항공기는 임무에 따라 여러 종류가 있어요. 하피는 레이더 시스템을 공격하기 위한 무인항공기예요. 우리나라는 한 대당 5억 원인 하피를 100여 대 구입해서 배치했어요. 하피는 9시간 동안 공중에 머물 수 있으며 먼 거리에서도 표적을 정확히 타격할 수 있어요. 지상에서 하피를 발사하면 2~5시간 정도 비행하다가 적의 레이더 전파가 잡히는 순간 곧바로 레이더를 향해 돌진해요. 하피는 타격[1] 목표물을 폭파시키는 자폭[2] 무인항공기예요.

> 1 **타격** 때리고 치는 것
> 2 **자폭** 자기가 지닌 폭발물을 스스로 터트림

발사체에서 발사되는 무인항공기 하피 ©IAI(이스라엘 항공우주산업 유한회사)

낱말 퍼즐을 풀고, 노랑색 네모에 숨은 괴물이
누구인지 맞춰보세요.

[세로 방향]

1 저승의 신

2 저승을 지키는 개. 머리가 셋 달린 무시무시한 괴물이에요.

3 왕뱀. 아폴론에게 죽임을 당해요.

4 하르피이아이와 비슷한 모습을 한 괴물 새. 고대에는 새의 모습이었다가
  점점 인어의 모습으로 알려졌어요.

5 눈이 100개 달린 거인. 암소가 된 이오를 지켰어요.

6 머리가 백발인 할머니 자매. 세 자매가 눈알 1개와 이빨 1개를 공동으로 써요.

18

?

하르피이아이처럼 날개 달린 괴물이에요.
이 괴물은 수수께끼를 내서 맞추지 못하는 사람을 죽였어요.
이 괴물은 누구일까요?

 ❶ 스핑크스　　❷ 세이렌

수수께끼를 맞추지 못하는 사람을 죽이는 괴물은 ❶ **스핑크스**예요.

스핑크스는 어떻게 생겼어요? 사자의 몸통에 인간 여성의 얼굴이 합쳐져 있고 독수리 날개가 달렸어요. 스핑크스는 인간의 말을 할 수 있어요. 그래서 사람들은 스핑크스를 영리하고 신성한 존재로 여겼어요.

스핑크스는 무슨 뜻이에요? 스핑크스는 여러가지 뜻을 가지고 있어요. 고대 그리스에서는 '상상의 괴물'이라는 의미로 사용되었어요. 그래서 고대 그리스인들이 이집트를 방문했을 때 피라미드 앞에 앉아 있는 거대한 석상을 보고 스핑크스라고 불렀다는 이야기가 전해져요. 상상 속 괴물이 눈 앞에 있는 것처럼 느껴졌겠지요? 하지만 다른 이야기도 있어요. 스핑크스는 이집트어로 '살아있는 모습'이라는 뜻이에요. 이집트의 스핑크스는 왕이 살아있을 때 얼굴을 옮겨놓은 것처럼 보이거든요. 아주 오래 전인 고대에서부터 전해진 말이라 그 뜻을 정확하게 알기는 어려워요. 하지만 그리스인에게도 이집트인에게도 스핑크스는 중요한 존재였어요.

스핑크스는 어떤 괴물이에요?　스핑크스는 테베라는 도시의 피키온 산에 사는 괴물이에요. 피키온 산의 길목을 지키며 지나가는 사람들에게 수수께끼를 냈어요. 수수께끼를 풀면 통과시켜 주고, 풀지 못하면 잡아먹었지요. 하지만 스핑크스가 내는 수수께끼를 맞춘 사람은 아무도 없었어요. 피키온 산을 지나려다 죽는 사람들은 점점 더 많아졌어요. 테베의 왕 라이오스는 점점 더 걱정이 커졌어요.

스핑크스는 왜 수수께끼를 내서 사람들을 죽여요?　스핑크스가 수수께끼를 내서 사람들을 죽이는 이유는, 테베의 라이오스 왕 때문이에요. 라이오스는 테베 왕의 아들로 태어났지만 쌍둥이 형제에게 왕의 자리를 뺏기고 말아요. 라이오스가 왕이 되기를 바랐던 시민들은 라이오스를 이웃나라로 피신시켰죠. 이웃나라의 펠롭스 왕은 라이오스를 잘 돌봐주었어요. 그런데 라이오스는 크나큰 잘못을 저지르고 말아요

라이오스가 어떤 잘못을 저질렀어요?　라이오스가 펠롭스 왕의 아들을 납치해서 죽게 만든 거예요. 자신을 돌봐준 은혜를 갚기는 커녕 배신을 하다니! 노여움을 참을 수 없었던 펠롭스 왕은 라이오스에게 저주를 퍼부었어요. "네 아들이 너를 죽일 것이고, 네 아들이 네 아내를 빼앗을 것이다!" 헤라도 라이오스를 벌

라이오스 테베의 왕. 스핑크스 때문에 걱정이 많음
펠롭스 테베의 이웃나라 왕. 라이오스를 잘 돌봐줌

하기 위해 스핑크스를 보냈어요. 그래서 스핑크스는 테베에 머무르면서, 절대 풀지 못할 수수께끼를 내어 백성과 라이오스를 괴롭히게 된 거예요.

스핑크스가 낸 수수께끼가 뭐예요?　스핑크스가 낸 수수께끼는 이것이었어요. "아침에는 네 발로 걷고, 낮에는 두 발로 걷고, 저녁에는 세 발로 걷는 동물은 무엇인가?"

아무도 스핑크스의 수수께끼를 풀지 못했나요?　맞아요. 아무도 수수께끼를 풀지 못해서 테베는 오랫동안 무겁고 어두운 기운이 가득했죠. 그러던 중 수수께끼를 푼 사람이 드디어 나타났어요. 오이디푸스라는 젊은이였어요. 오이디푸스는 스핑크스에게 성큼성큼 다가갔어요. 스핑크스가 여유만만한 목소리로 수수께끼를 냈어요. 그러자 오이디푸스가 주저없이 대답했어요. "정답은 인간이다." 스핑크스는 흠칫 놀랐어요. "인간이라고 생각하는 이유를 말해 보아라." 오이디푸스는 당당하고 힘찬 목소리로 대답했어요. "인간은 어릴 때에는 기어다니기 때문에 네 발로 걷는 것 같고, 커서는 두 발로 선다. 그리고 늙으면 지팡이를 짚고 다니기 때문에 세 발로 걷는 것처럼 보이는 것이다." 오이디푸스의 답이 정답이었을까요? 정답이었어요!

오이디푸스 테베 라이오스 왕의 아들. 라이오스 왕의 아들이라는 걸 모름

아무도 풀지 못한 수수께끼를 푼 오이디푸스는 누구예요?

수수께끼를 풀어낸 오이디푸스는 라이오스 왕의 아들이었어요. 라이오스가 펠롭스 왕을 배신했을 때, 펠롭스 왕이 내린 저주를 기억하지요? 아들이 자신을 죽일 것이라는 저주를 들은 라이오스는 아들이 태어나자 내다버렸어요. 저주가 실현될까 봐 무서웠거든요. 하지만 죽었을 거라고 생각했던 아들은 살아있었고, 청년이 된 아들은 길에서 만난 라이오스를 죽였어요. 아들과 아버지는 서로를 알아보지 못했거든요. 펠롭스 왕의 저주는 실현되고 말았죠. 스핑크스를 물리친 오이디푸스는 사람들의 환호를 받으며 테베의 왕이 되었어요.

스핑크스가 낸 다른 수수께끼를 맞춰볼까요?   "두 자매가 있다. 하나가 다른 하나를 낳고, 다른 하나가 또 다른 하나를 낳는 것은 무엇인가?" 정답은 '낮과 밤'이에요. 낮이 지나면 밤이 되고, 밤이 지나야 낮이 되니까요. 낮이 지나서 밤이 되는 현상을, 낮이 밤을 낳는다라고 표현한 거예요. 낮의 신 헤메라와 밤의 신 닉스는 모두 여신이에요. 그래서 자매라고 표현한 거예요.

헤메라 낮의 신
닉스 밤의 신

이집트 스핑크스는 수수께끼를 내지 않아요

이집트에도 스핑크스가 있어요. 옛날 이집트에서는 왕을 '파라오'라고 불렀는데 '파라오'를 묻은 무덤이 피라미드예요. 피라미드는 높이가 100미터가 넘을 만큼 엄청나게 거대해요. 스핑크스는 피라미드 앞에 다소곳이 엎드려 있는 모습이에요. 피라미드를 지키고 있는 것처럼 보이지요? 사람들은 스핑크스가 왕과 피라미드를 지킨다고 믿었어요. 이집트 스핑크스는 사람 얼굴에 사자의 몸을 가졌어요. 날개는 달려있지 않고요. 그리스 로마 신화 속 스핑크스는 여성 괴물이지만, 이집트 스핑크스는 성별을 파악하기 어려워요. 가장 큰 피라미드는 이집트 기자에 있는 쿠푸왕의 피라미드인데, 대피라미드라고 불러요. 대피라미드를 지키는 스핑크스는, 무덤의 주인인 쿠푸왕의 얼굴과 닮았대요. 쿠푸왕이 자신의 얼굴과 똑같이 만들었다고 해요. 어린이들에게 사랑 받는 스핑크스 고양이는, 앉아 있는 모습이 피라미드를 지키는 스핑크스와 닮아서 같은 이름을 갖게 되었어요.

#스핑크스가 궁금할때!
책《꼬꼬무 랜드마크 지구여행》

이집트 스핑크스 ©Hajo

스핑크스가 내는 수수께끼를 맞춰볼까요?

몸에 구멍이 뚫린 채로 팔려 가는 것은?

동화는 동화인데 읽을 수 없는 것?

도둑이 가장 싫어하는 아이스크림?

많이 맞을수록 좋은 것?

축구선수들 웃음소리는?

세균 중 가장 계급이 높은 것?

비는 비인데 먹을 수 있는 비?

차도가 없는 나라는?

19

스핑크스는 독수리 날개를 가진 괴물이에요.
닭의 볏을 가진 괴물이 있어요.
이름이 무엇일까요?

❶ 바실리스크 　　　 **❷ 아르고스**

닭의 볏을 가진 괴물은 **❶ 바실리스크**예요.

스치기만 해도
치명적인 생명파괴자

바실리스크

수탉 머리

용의 날개

독

독

독

독 독

뱀 몸통

닭의 모습을 닮았다고요? 어떻게 생겼어요? 바실리스크는
뱀의 몸통에 수탉의 머리가 달려있어요. 온통 초록색인 몸통에
용의 날개가 달려있고 머리에는 붉은 볏^{1}이 달려있어요. 그래서
왕관을 쓴 수탉처럼 보여요.

> ① **볏** 닭이나 꿩 등의 이마 위에 세로로 붙은 살 조각

바실리스크는 무슨 뜻이에요? '작은 왕'이라는 뜻이에요. 로
마의 지배자 중 뛰어났던 바실리우스 황제의 이름에서 유래했어
요. 바실리우스는 그리스어로 '왕'을 뜻하는 말이에요. 머리에 달
린 볏이 왕관 모양이어서, 바실리스크는 파충류의 왕이라는 별명
을 가지게 되었어요.

어떻게 태어났어요? 뱀이 낳은 알을 수탉이 품고 있었다가 부
화했기 때문에 뱀과 수탉의 모습을 가진 바실리스크가 태어났다
고 전해져요. 메두사의 피에서 태어났다고도 해요. 머리카락이
모두 뱀인 괴물을 기억하지요? 메두사를 죽인 페르세우스가 메
두사 머리를 들고 돌아갈 때, 메두사의 피가 아프리카 땅에 떨어
져 많은 독사들이 생겼다고 해요. 그때 바실리스크도 생겼대요.
메두사의 피에서 태어났기 때문에 바실리스크는 메두사의 능력
을 물려받았어요.

바실리우스 로마 황제의 이름

눈을 바라보면 돌이 되게 하는 능력을 물려받았어요?   맞아
요. 바실리스크는 크고 노란 눈동자를 가졌는데 그 눈을 바라보
면 그 자리에서 죽게 돼요. 메두사와 똑같은 능력을 가지고 있거
든요. 바실리스크는 또다른 막강한 능력도 가졌어요. 온몸에 독
을 품고 있어서 숨결이 닿기만 해도 목숨을 잃게 만들어요. 그래
서 바실리스크가 '쉬익' 하는 소리를 내면서 나타나면 모든 뱀들
이 쏜살같이 도망쳤어요. 지나가기만 해도 바위가 쪼개지고 나무
와 풀이 불탔고요. 뱀들의 왕, 파충류의 왕이라는 별칭에 걸맞는
치명적인 파괴력을 가지고 있었거든요. 그래서 뱀의 왕이라고 부
르는 <u>코브라</u>를 보고 만들어낸 괴물일 것이라고 생각해요.

바실리스크가 코브라와 어떤 점이 같아요?   보통 뱀들은 몸
통을 땅에 붙이고 구불거리면서 이동해요. 하지만 바실리스크는
달라요. 머리를 꼿꼿하게 든 채로 지나가죠. 코브라가 이동하는
모습과 같아요. 또 바실리스크가 하늘을 향해 독을 뿜으면 날아
가는 새들이 죽어서 땅으로 떨어졌는데 이 특징도 코브라와 비
슷해요. 코브라도 침을 뱉듯이 독을 뱉을 수 있거든요. 무엇보다
코브라는 뱀 중에서 가장 센 맹독[2]을 가졌기 때문에 바실리스크
라는 괴물의 기원[3]이 되었다고 여겨요.

> **2** **맹독** 매우 강한 독
> **3** **기원** 사물이 처음으로 생김

누구세요?

코브라 강한 독을 가진 독사

바실리스크의 독 때문에 위험에 빠진 사람이 있어요? 고대 로마의 한 병사 이야기예요. 말을 타고 있던 병사는 바실리스크를 발견하고 자신의 긴 창으로 푹 찔렀어요. 그런데 바실리스크의 독이 창을 타고 점점 올라와 손으로 독이 퍼지기 시작했어요. 독이 몸 전체에 퍼질까 두려움에 떨던 병사는, 자신의 팔을 재빨리 잘라버렸어요. 병사는 겨우 목숨을 건졌지요. 다행히 병사가 타고 있던 말도 살 수 있었어요.

바실리스크는 어디에 살아요? 사막, 동굴의 지하 우물, 지하 창고에 살아요. 바실리스크가 사는 곳은 거칠고 황폐했어요. 온몸에 독을 품고 있어서 바실리스크의 숨결만 닿아도 모든 풀과 나무가 말라 죽어버렸거든요. 바실리스크가 지나간 곳은 순식간에 메마른 사막이 되었지요. 빽빽하게 우거진 수풀이라도 바실리스크가 머무는 곳은 금방 찾아낼 수 있어요. 물이 마르고 풀들이 모두 죽어버린 곳이 있다면 그곳이 바로 바실리스크가 살고 있는 곳이니까요.

바실리스크는 어떻게 해야 죽어요? 세 가지 방법이 있어요. 바실리스크는 수탉의 울음소리를 무척 두려워했어요. 그래서 여행자들은 수탉을 한 마리씩 데리고 다녔어요. 바실리스크를 피하기 위해서죠. 수탉이 바실리스크를 물리칠 수는 없지만, 가까이 다가오지 못하게 할 수 있었거든요. 또 하나의 방법은, 거울을 이용하는 거예요. 바실리스크 자신의 모습이 비친 거울을 보게 하는 거지요. 거울을 통해 자신의 눈을 보게 되면, 바실리스크도 돌처럼 굳어버리니까요.

바실리스크를 죽이는 세 번째 방법은 뭐예요? 바실리스크를 물리칠 수 있는 마지막 방법은 족제비예요. 족제비는 작지만 바실리스크를 두려워하지 않아요. 자기 몸의 몇 배나 큰 바실리스크에게 용감하게 덤벼들죠. 족제비가 바실리스크를 상대할 수 있는 이유는 루카라는 식물 때문이에요. 족제비는 맹독을 가진 바실리스크에게 물려도 이 루카라는 식물을 먹고 다시 기운을 회복해요. 루카는 바실리스크가 독을 뿜어도 시들거나 죽지 않는 유일한 식물이에요. 바실리스크의 독을 해독할 수 있거든요. 족제비는 바실리스크의 독 공격을 받아도 루카를 먹고 회복했어요. 그리고는 바실리스크가 죽을 때까지 끈질기게 공격하는 거지요. 실제로 뱀들의 왕 코브라는 작은 포유류 몽구스에게 종종 공격을 당해 죽었는데 바실리스크의 천적을 족제비로 표현한 것은 이런 이유 때문이라고 추측해요.

인도 회색 몽구스

무서운 괴물 바실리스크가 도시를 지켜요

바실리스크는 아프리카 북부의 사막 지대부터 동유럽, 독일의 산악지대와 오스트리아 티롤주에 걸쳐서 살았어요. 그 중 스위스의 바젤이라는 도시에는 바실리스크의 동상이 무척 많아요. 무섭고 해로운 괴물 동상을 왜 만들었을까요?

바젤의 우물에도 바실리스크가 살고 있었어요. 도시에 전염병이 돌아 위험에 처하자 시민들은 바실리스크를 수호생물로 삼았어요. 바실리스크가 가진 강력한 힘으로 재앙을 막아주기를 바랐던 거지요. 그래서 도시 곳곳에 바실리스크 조각상을 세웠어요. 특히 분수대에 바실리스크 조각상이 세워진 곳이 많아요. 물이 생명의 원천이기 때문이에요. 깨끗한 물이 도시를 건강하게 만드니까요. 바실리스크가 물과 도시를 지켜준다고 시민들은 생각했거든요. 스위스 바젤의 구석구석에는 바실리스크의 조각상이 여전히 남아있어요. 지금도 도시를 안전하게 지켜주고 있지요.

스위스 바젤의 바실리스크 분수 ⓒ위키미디어 KusiD

힌트를 읽고 끝말잇기를 완성하세요.

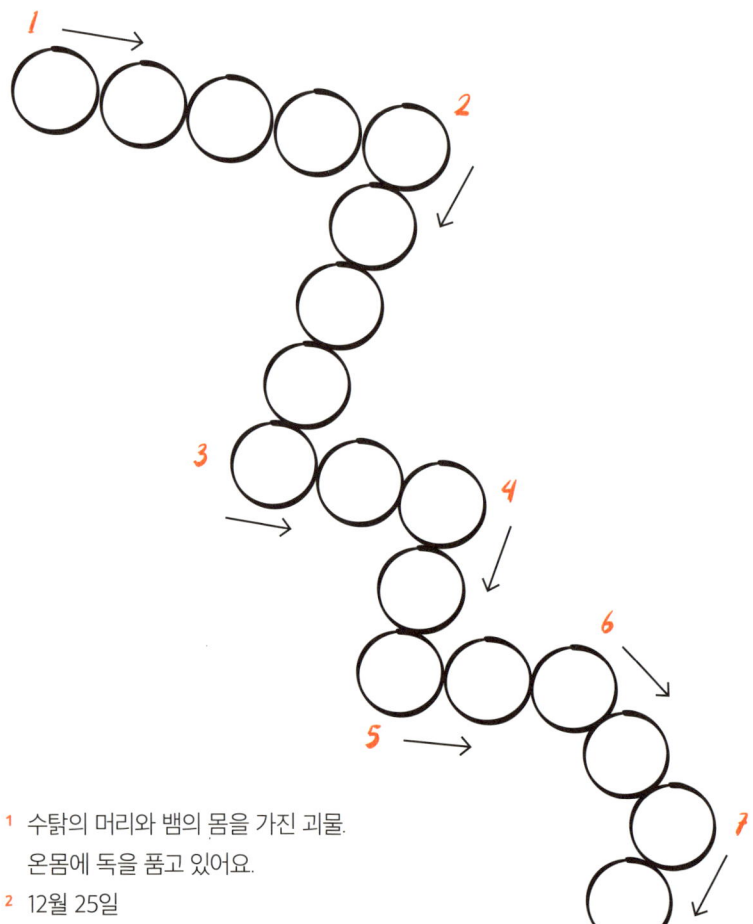

1 수탉의 머리와 뱀의 몸을 가진 괴물.
온몸에 독을 품고 있어요.

2 12월 25일

3 마녀 키르케가 독약을 풀어 괴물로 만들어버린 님프

4 헤라의 저주로 아이를 잃고 잔인해진 엄마 괴물

5 물고기는 이곳으로 숨을 쉬어요.

6 무선 레이더, 적외선 따위의 유도에 따라 목표물에 닿아서
폭발하도록 만든 포탄이나 폭탄

7 그날 겪은 일이나 생각 등을 적는 기록. 그림○○

20

바실리스크는 뱀의 왕이라고 불리는 괴물이에요.
뱀의 모습을 한 괴물 중 제일 거대하고 가장 새까만
괴물은 누구일까요?

❶ 피톤   ❷ 그라이아이

뱀의 모습을 한 괴물 중 거대하고 가장 새까만 괴물은 ❶ **피톤**이에요.

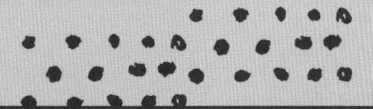

신탁을 지배하는 거대 왕뱀

피톤

거대

거대

흙처럼 새까만 몸통

피톤은 뱀이에요? 피톤은 새까맣고 거대한 왕뱀이에요. 대지의 신 가이아의 아들인데, 대홍수가 끝난 뒤 진흙에서 기어나왔어요. 그리스 중부에 있는 파르나소스산의 델포이에 살고 있어요.

델포이에서 무엇을 하며 살아요? 가이아는 자신이 지배하던 성지[1]인 '피토'라는 지역을 피톤에게 넘겨주었어요. 그곳에서 사람들에게 신의 생각인 신탁을 전하며 살도록 했지요. 예언이라고 할 수 있어요. 피톤은 델포이의 샘 근처에서 암컷 피티아와 함께 살았는데 샘으로 물을 마시러 오는 사람과 동물을 마구 잡아먹었어요. 성격이 무척 포악했거든요. 평소에 피톤은 샘 근처의 땅 속에 몸을 숨기고 살며 좀처럼 모습을 드러내지 않았어요. 그러다 신탁을 들으러 온 사람들이 기도하고 공물[2]을 올리면 그제야 땅 속에서 기어나와 가이아가 전하는 신탁을 전해주었어요. 그러던 어느 날, 위험한 신탁이 전해졌어요.

> 1) **성지** 신성한 장소
> 2) **공물** 신에게 바치는 음식이나 물건

어떤 신탁이었어요? "레토 여신이 제우스의 쌍둥이를 낳을 것이다. 태어난 두 아이는 제우스만큼 막강한 권력을 누릴 것이다." 라는 신탁이었어요. 제우스는 이미 아내인 헤라가 있는데 다른 여신과의 사이에서 아이가 태어나다니요! 헤라는 머리 끝까지

누구세요?

가이아 대지의 신
델포이 그리스 파르나소스산에 있는 신성한 장소
피티아 암컷 피톤　　**레토** 제우스의 아이를 임신한 여신

화가 났어요. 피톤을 불러서 명령했죠. "태양 빛이 닿는 곳에서는 절대로 아이들을 낳지 못하게 하라!" 피톤은 한순간도 멈추지 않고 레토를 쫓아다니며 아이를 낳지 못하도록 방해했어요. 쌍둥이가 태어날 때가 다가오자 레토는 불안해졌어요. 아이들을 낳을 수 있는 곳이 아무데도 없었으니까요.

레토는 아이들을 낳지 못했어요? 낳을 곳을 찾지 못해 여기 저기 떠돌아다니는 레토에게 제우스는 북풍의 신을 보냈어요. 북풍의 신은 레토를 섬으로 데려다 주었어요. 레토가 섬에 발을 디디자 포세이돈은 거대한 파도를 만들어 섬을 감쌌어요. 파도가 섬을 감싸자, 섬에는 햇빛이 닿지 않았어요. 그러자 태양 빛이 닿는 곳에서는 아이들을 낳지 못한다는 헤라의 주문이 통하지 않게 되었죠. 레토는 아이를 무사히 출산했어요. 태어난 아이는 숲과 사냥의 여신 아르테미스예요. 쌍둥이인데 왜 한 명만 태어났냐고요? 다른 아이가 태어나는 것을 헤라가 방해하고 있었기 때문이에요.

헤라가 어떻게 출산을 방해했어요? 헤라는 출산의 여신을 붙잡아두고 레토 곁으로 가지 못하게 막고 있었어요. 레토를 지켜본 다른 여신들은 무척 안타까웠죠. 그래서 무지개 여신에게 부탁했어요. "황금 목걸이를 선물로 주면서 설득해보아요!" 무지개

아르테미스 아폴론과 쌍둥이 남매 사이. 사냥의 여신
아폴론 아르테미스와 쌍둥이 남매 사이. 태양의 신

여신은 바람처럼 빠르게 출산의 여신에게 날아갔어요. 선물과 설득은 성공적이었어요. 무지개 여신은 출산의 여신을 데리고 섬으로 왔어요. 여신이 아니라 멧비둘기로 변신한 모습이었죠. 출산의 여신이 도착하자 레토는 무사히 다른 쌍둥이 아기를 낳을 수 있었어요. 태어난 아기는, 뛰어난 외모로 수금을 연주하고 활을 능숙하게 쏘는 태양의 신 아폴론이에요.

헤라의 명령을 수행하지 못한 피톤은 어떻게 됐어요? 피톤은 제우스의 아이가 태어나는 걸 막지 못했어요. 태어난 두 아이는 제우스만큼이나 강력한 힘을 가졌지요. 특히 아폴론은 제우스 다음가는 신이었으니까요. 제우스는 아이들이 무사히 태어난 것을 무척 기뻐하며 아폴론에게 예언할 수 있는 능력을 주었어요. 하지만 신탁을 전하는 델포이 신탁은 여전히 피톤이 지배하고 있었죠. 아폴론은 피톤을 해치우러 떠났어요. 어머니를 괴롭힌 것에 대한 복수심도 가득했거든요. 복수를 하겠다며 델포이에 도착한 아폴론을 보고 피톤은 피식, 비웃고 말았어요.

아폴론을 보고 피톤이 비웃었다고요? 아폴론이 피톤을 해치우겠다고 떠났을 때, 아폴론은 태어난 지 4일밖에 되지 않았거든요. 갓 태어난 아기가 괴물 왕뱀을 죽이러 왔으니 피톤은 어이가 없었겠죠? 그래서 피톤은 방심했어요. 여유만만해진 피톤은 아폴론의 공격을 기다렸어요. 그깟 아기의 공격쯤은 우스울 거라고 여겼으니까요. 하지만 아폴론은 갓난아기였지만 활쏘기에 뛰어

낮어요. 거침없이 쏜 수천 발의 화살은 피톤의 몸통에 정확하게 꽂혔어요. 피톤은 아무런 공격도 하지 못한 채 그대로 숨이 끊어졌어요. 또 하나의 신탁이 적중한 순간이었어요.

피톤이 죽을 것이라는 신탁이 있었어요? 피톤은 "태어날 제우스의 아들 손에 목숨을 잃을 것이다"라는 신탁을 받았거든요. 결국 신탁은 실현되었지요. 피톤은 아폴론에게 죽고, 신탁소도 뺏겼어요. 아폴론은 죽은 피톤을 불태워서 돌로 된 관에 넣었어요. 그리고는 옴팔로스라는 돌 아래에 묻었어요. 예언 능력을 가진 아폴론은 피토라는 이름을 델포이로 바꾸고 신탁의 지배자가 되었음을 선포³했어요. 피톤과 함께 살던 암컷 피티아는 죽이지 않고 여인으로 변신시켜 신탁을 전하게 하였어요.

피톤이 죽고 신탁소도 빼앗겨서 가이아가 분노할 것 같아요! 피톤이 죽고, 델포이마저 빼앗겼으니까 대지의 여신 가이아가 무척 분노할 거라고 아폴론은 생각했어요. 그래서 아폴론은 피티아 제전⁴을 열었어요. 가이아의 분노를 달래고 죽은 피톤을 기리기 위해서 제물을 바치고, 다양한 운동 경기를 펼쳤지요. 아폴론이 델포이를 차지한 자신의 승리를 기념하는 의미도 있었고요. 아폴론은 지혜롭게 축제를 열어 가이아의 분노를 다스리고, 신탁의 주인이 된 자신의 힘을 세상에 알렸답니다.

3 **선포** 세상에 알림

4 **제전** 신을 위해 제사를 지내고, 끝난 뒤에는 큰 경기 대회를 여는 행사

옴팔로스 아래 피톤이 묻혀 있다구!

아폴론은 괴물 왕뱀 피톤을 죽이고 옴팔로스라는 돌 아래에 묻었어요. 옴팔로스는 '세상의 배꼽'이라는 의미를 가진 달걀 모양의 돌이에요. 어느 날, 제우스는 독수리 두 마리를 각각 세상의 반대쪽 끝으로 보냈어요. 그리고는 세상의 중심을 향해 날아오도록 명령했어요. 두 마리의 독수리가 날기 시작해서 마주친 장소가 바로 파르나소스산 기슭에 있는 델포이였지요. 제우스는 그곳을 세상의 중심이라 여기고, 그곳에서 세상의 생명이 시작되었다고 믿었어요. 델포이 신전에 있는 옴팔로스는 특별한 이야기를 가지고 있어요. 제우스의 아버지인 크로노스가 자식들을 모두 잡아먹었다는 이야기를 기억하죠? 어머니 레아는, 갓 태어난 제우스를 살리기로 마음 먹었어요. 크로노스가 아이를 달라고 하자, 레아는 커다란 돌을 아기옷으로 감싸서 건네주었어요. 크로노스는 덥석 삼켰죠. 크로노스가 아기인 줄 알고 삼킨 돌이 바로 델포이에 있는 옴팔로스예요. 델포이의 옴팔로스는 생명이 계속되게 만든 세상의 배꼽이라는 표식이에요.

델포이 신전의 옴팔로스 ©Eve Darian-Smith

질문을 읽고 화살이 도착한 곳에
알맞은 답을 써넣으세요.

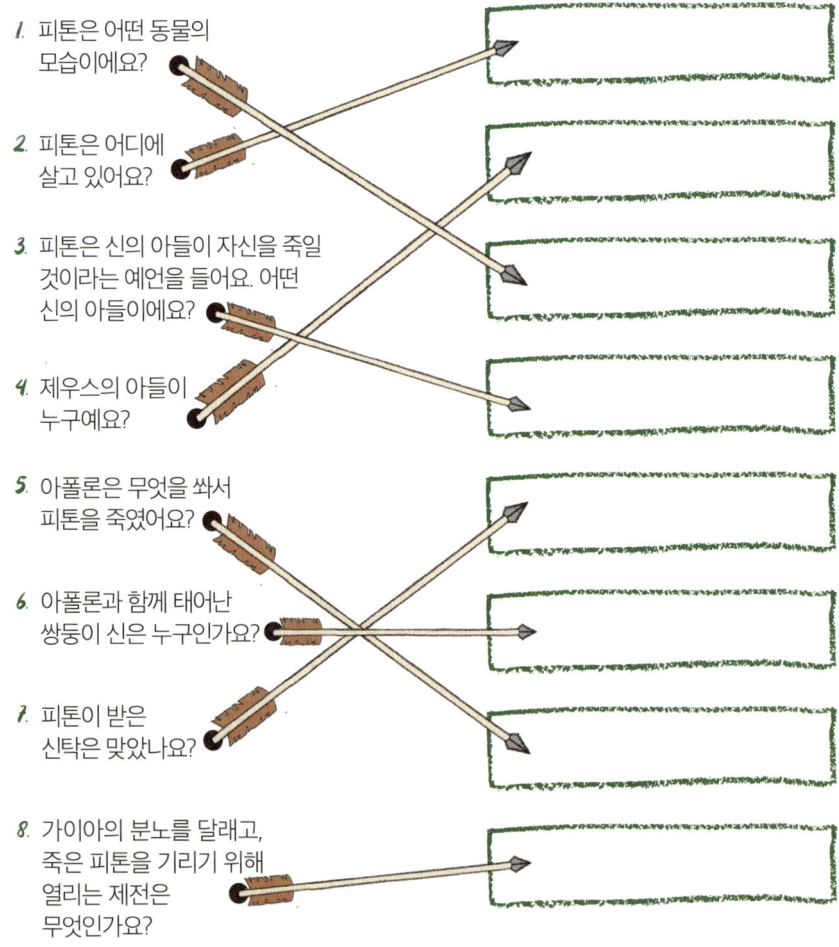

1. 피톤은 어떤 동물의
   모습이에요?

2. 피톤은 어디에
   살고 있어요?

3. 피톤은 신의 아들이 자신을 죽일
   것이라는 예언을 들어요. 어떤
   신의 아들이에요?

4. 제우스의 아들이
   누구예요?

5. 아폴론은 무엇을 쏴서
   피톤을 죽였어요?

6. 아폴론과 함께 태어난
   쌍둥이 신은 누구인가요?

7. 피톤이 받은
   신탁은 맞았나요?

8. 가이아의 분노를 달래고,
   죽은 피톤을 기리기 위해
   열리는 제전은
   무엇인가요?

21

피톤은 아폴론의 어머니를 괴롭혀서 아폴론의 손에 죽었어요
아폴론과 연주 대결을 했다가 죽은 괴물은 누구일까요?

❶ 사티로스 ❷ 키클로프스

아폴론과 연주 대결을 했다가 죽은 괴물은 ❶ **사티로스**예요.

포도주를 사랑하는 말썽꾼
사티로스

작은 뿔

뾰족한 귀

너무
좋아하는
포도주

술에 취해서
붉어진 매부리코

털이 북슬북슬한 몸

염소 다리

사티로스는 누구예요? 숲을 지키는 정령을 사티로스라고 불러요. 산, 풀, 강, 나무, 돌 같은 여러 사물에 깃들어 있는 영혼을 정령이라고 해요. 여자 정령은 님프이고 남자 정령은 사티로스예요. 숲이나 초원에 살고 있어요.

어떻게 생겼어요? 사티로스는 '뚱뚱한 사람'이라는 뜻이에요. 사람의 몸에 염소 다리가 달려있고 온몸에 털이 북슬북슬해요. 사람과 비슷해 보이지만, 머리에 작은 뿔이 두 개 솟아 있고 당나귀처럼 뾰족한 귀를 가졌어요. 대부분 술에 취해 있기 때문에 매부리코[1]가 언제나 불그스름해요.

> ① **매부리코** 매의 부리같이 끝이 뾰족하게 내려간 모양의 코

사티로스는 난폭한 성격이에요? 난폭한 성격은 아니에요. 심술 궂게 장난을 치기도 하지만 명랑하고 익살스러운 편이에요. 사냥을 좋아하지만 어여쁜 님프를 졸졸 따라다니면서 시간을 보내는 걸 좋아했어요. 포도주를 사랑해서 술의 신 디오니소스를 추종[2]했고요. 나무로 된 악기를 연주하는 것도 무척 즐겼어요. 하지만 악기 때문에 아폴론과 대립하는 사건이 발생하기도 해요. 사티로스는 활동적이고 여럿이 어울려 지내기 때문에 자연의 생

> ② **추종** 믿고 따르는 것

누구세요❓
디오니소스 포도주의 신

명력과 풍요로움을 상징해요. 그래서 농부들은 사티로스를 좋아했어요. 그해에 처음으로 수확한 곡식과 양을 제물로 바치며 감사하는 마음을 전했지요.

악기 때문에 무슨 일이 있었나요? 아테나 여신이 만든 악기 때문에 사건이 시작됐어요. 아테나는 수사슴의 뼈로 피리를 하나 만들었어요. 아테나가 연주하는 피리의 음색은 더없이 아름답고 감미로웠어요. 그런데 아테나가 연주할 때마다 헤라와 아프로디테가 깔깔 웃음을 터뜨렸어요. 아테나는 왜 웃는지 무척 궁금했어요. 하지만 도무지 알 수가 없었지요.

아테나는 여신들이 웃는 이유를 알아냈어요? 어느 날, 아테나는 피리를 불다가 물속에 비친 자신의 모습을 보게 되었어요. 그제서야 헤라와 아프로디테가 왜 그렇게 웃어댔는지 이유를 찾았죠. 피리를 부느라 빵빵하게 부풀어오른 볼이 우스꽝스럽고 흉해 보였거든요. 화가 난 아테나는 피리를 내던지며 저주를 퍼부었어요. "이 피리를 줍는 자는 엄청난 불행이 있을 것이다!" 그런데 마르시아스라는 사티로스가 길을 가다 아테나가 버린 피리를 줍고 말아요.

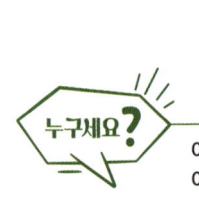

누구세요**?**

아테나 전쟁과 지혜의 신 **헤라** 제우스의 아내이자 가정의 신
아프로디테 미의 여신
마르시아스 아테나가 버린 피리를 주운 사티로스

앗! 피리를 주우면 불행이 닥친다면서요?　마르시아스가 주운 피리를 불자 천상[3]의 소리와 같은 음이 흘러나왔어요. 마르시아스는 몇 날 며칠 동안 피리를 불었어요. 마르시아스의 연주 솜씨는 나날이 더 멋져졌어요. 사람들은 말했지요. "음악의 신 아폴론보다 멋지게 연주하는군!" 이 말을 들은 아폴론은 기분이 상했죠. 아폴론은 마르시아스에게 연주 솜씨를 겨루자고 제안했어요. 마르시아스는 흔쾌히 승낙했어요. 연주 솜씨에 자신 있었거든요. 하지만 대결의 결과는 크나큰 불행을 불러왔어요.

③　**천상** 하늘 위, 천국

어떤 불행이 닥쳤나요?　음악의 신 아폴론은 수금 연주에 뛰어났어요. 수금은 헤르메스 신이 만들어 선물했는데 세모꼴 기타처럼 생긴 악기예요. 아폴론과 마르시아스의 연주 대결이 시작됐어요. 아폴론은 수금을 연주하고, 마르시아스는 피리를 불었어요. 대결의 판정은 예술의 여신 무사이가 하기로 했어요. 이긴 자는 진 사람에게 마음대로 벌을 주어도 된다고 약속했지요. 연주가 끝나자, 무사이는 마르시아스가 뛰어나다고 판정했어요.

마르시아스가 아폴론을 이긴 거예요?　맞아요. 그런데 아폴론은 자존심이 무척 상했어요. 결과를 받아들이지 않고 대결을 다시 하자고 했지요. "그렇게 연주를 잘한다면 악기를 뒤집어서도

누구세요?

헤르메스 상업, 거짓말의 신　　**무사이** 예술의 신

할 수 있겠군." 아폴론과 마르시아스는 악기를 뒤집어서 연주했어요. 수금은 뒤집어도 아름다운 소리를 낼 수 있었지만 피리는 뒤집으니 소리가 나지 않았어요. 무사이는 아폴론의 연주가 훌륭했다고 판정했어요. 아폴론과 마르시아스의 연주 대결은 아폴론의 승리로 끝났지요.

아폴론은 마르시아스에게 어떤 벌을 주었어요? 매우 잔혹한 벌을 내렸어요. 마르시아스를 산 채로 나무에 매단 다음, 살갗을 벗겨냈어요. 신의 악기를 함부로 다루었고, 겸손하지 못하여 신에게 도전했다는 것이 이유였어요. 가혹한 벌을 받은 마르시아스를 보며 다른 사티로스들은 슬픔에 빠졌어요. 함께 뛰어놀던 님프와 목동들은 오랫동안 눈물을 흘렸어요. 님프와 목동들이 흘린 눈물이 얼마나 많았던지 세상이 온통 눈물로 가득찰 지경이었어요. 육지를 가득 채우고 넘친 눈물은 마르시아스 강⁴을 만들었어요. 마르시아스의 피가 강이 되었다고 전해지기도 해요.

④ **마르시아스 강** 튀르키예 서부에 있는 멘데레스 강으로 흘러드는 강

포도주의 신? 박카스

©동아제약

박카스는 몸이 피곤할 때 마셔서 기운이 나게 하는 자양강장 음료예요. 자양강장제란, 몸의 영양을 좋게 하여 체력을 키우고 건강하게 만드는 제품을 말해요. 박카스는 우리나라에서 오랫동안 자양강장제로 판매된 음료예요. 박카스는 술의 신 디오니소스에서 따온 이름이에요. 디오니소스를 로마 신화에서는 바쿠스라고 부르거든요. 바쿠스의 상징인 포도주가 사람들의 기분을 좋게 하고 기력을 보충해주기 때문에, 음료의 이름을 박카스라고 지었어요. 처음엔 바쿠스였지만, 나중에 박카스로 이름을 바꾸었다고 해요.

곡물의 여신! 시리얼

©Gerardo Covarrubias

그리스 신화의 데메테르 여신은 대지의 여신이에요. 땅에서 자라는 곡물을 돌봐주기 때문에 농업과 곡물의 여신이기도 하지요. 데메테르 여신은 로마 신화에서 케레스(Ceres) 라고 해요. 우리가 아침 식사나 간식으로 먹는 시리얼(cereal)은 로마 신화의 케레스에서 유래된 말이에요.

옛날 그리스 사람들은 밀과 보리 같은 곡식을 데메테르의 선물로 생각했어요. 우리가 먹는 시리얼도 곡물들로 만들어졌으니까, 데메테르 여신이 주는 선물을 받고 있는 거라고 생각해도 좋겠죠?

말풍선 속의 동그라미에 들어갈 정답은 무엇일까요?

○○○ 여신이 만들었다가 버린 피리 때문에 불행한 일이 생겼어.

내 이름은 사티로스, 숲을 지키는 ○○이지.

노는 것을 좋아하고 여자 정령인 님프들을 따라다니는 것도 좋아해. 그리고 붉은 ○○○를 마시는 것도 무척 좋아해.

나는 태양신 ○○○과 악기 연주 대결을 했어.

22

?

사티로스는 아폴론 신의 노여움을 산 괴물이에요.
이와 반대로 바다의 신 포세이돈의
사랑을 받은 괴물이 있어요? 누구일까요?

❶ 트리톤   ❷ 스핑크스

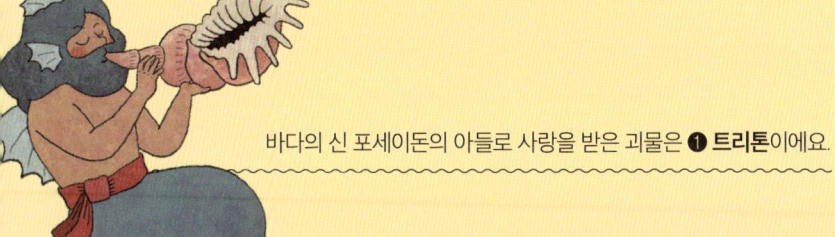

바다의 신 포세이돈의 아들로 사랑을 받은 괴물은 ❶ **트리톤**이에요.

포세이돈
바다의 신

♥

암피트리테
바다의 여신

트리톤
바다 전령

트리톤은 어떻게 생겼어요? 인간의 상체에 물고기의 하체가
연결된 모습이에요. 파란 눈, 커다란 입과 날카로운 이빨을 가지
고 있고 피부는 비늘로 뒤덮여 있어요. 코가 있지만 아가미도 달
려있어요. 간혹 인간의 모습인데 하체에 말의 앞발과 돌고래 꼬
리가 달려있는 모습으로 그려지기도 해요. 그 모습은 마치 <u>켄타
우로스</u> 같아서 '바다의 켄타우로스'라고 부르기도 해요.

트리톤은 바다에 살아요? 트리톤은 바다의 신 포세이돈의 아
들이에요. 바다 속 황금 궁전에 살면서 해마를 타고 다녀요. 트리
톤은 두 가지 상징물을 가지고 다니는데 그중 하나가 소라고둥이
에요. 소용돌이처럼 생긴 소라고둥은 엄청나게 큰 소리가 나는
나팔이에요. 거대한 짐승이 울부짖는 것처럼 들려서 거인을 날
려버릴 수도 있고, 파도를 일으키거나 잠재울 수 있어요. 파도가

켄타우로스 상체는 인간, 하체는 말인 반인반마 괴물

잔잔할 때는 물 위로 올라와 작은 물고기들과 놀았어요. 트리톤은 특히 돌고래와 노는 것을 좋아했어요.

트리톤이 특히 돌고래와 즐겁게 노는 이유가 있어요? 트리톤의 어머니인 암피트리테와 관련이 있어요. 암피트리테는 바다를 지배하는 여신이었어요. 어느 날, 포세이돈은 자매들과 춤을 추며 놀고 있는 암피트리테를 보게 되었어요. 눈 깜짝할 사이에 사랑에 빠지고 말았죠. 포세이돈은 암피트리테에게 청혼했어요. 하지만 암피트리테는 포세이돈을 피해 도망다니다가 바닷속 깊이 숨어버렸어요. 포세이돈의 강하고 거친 성격이 싫었거든요. 사랑에 빠진 포세이돈은 온 바다를 헤매며 찾아다녔어요. 하지만 어디에서도 암피트리테를 찾을 수가 없었어요.

포세이돈은 암피트리테를 어떻게 찾았어요? 포세이돈은 바다의 동물들에게 암피트리테를 찾아달라고 했어요. 바다 구석구석까지 뒤진 돌고래가 마침내 암피트리테를 찾아냈어요. 그래서 포세이돈은 암피트리테와 결혼할 수 있었어요. 트리톤은 돌고래 덕분에 태어날 수 있었던 거예요. 그래서 유난히 돌고래와 노는 것을 좋아하게 되었어요.

누구세요?

암피트리테 포세이돈의 아내이자 트리톤의 어머니

트리톤이 소라고둥과 함께 가지고 다니는 두 번째 상징물은 뭐예요? 트리톤의 두 번째 상징물은 삼지창이에요. 삼지창은 끝이 세 갈래로 갈라져서 포크처럼 보이는 창이에요. 트리톤의 아버지 포세이돈의 상징도 삼지창이지요. 트리톤의 삼지창은 작살이 변한 것이에요. 작살은 물고기를 잡을 때 쓰는데 길다란 작대기 끝에 뾰족한 쇠를 끼워 넣어서 만든 기구예요. 포세이돈과 트리톤이 지니고 다니는 삼지창은 바다의 힘과 권위를 나타내요.

트리톤은 어떤 역할을 해요? 트리톤은 포세이돈의 전령이에요. 전령은 소식이나 명령을 전하는 역할을 해요. 지니고 다니는 소라고둥을 불며 포세이돈의 명령을 전하기 때문에 포세이돈의 나팔수라고 부르기도 해요. 하지만 트리톤은 술의 신 디오니소스와는 사이가 좋지 않아요.

트리톤과 디오니소스 사이에 어떤 일이 있었어요? 디오니소스는 포도주와 축제의 신이에요. 사람들은 디오니소스에게 바치는 음악과 음식을 풍족하게 준비하여 흥겨운 축제를 열었어요. 축제에 참여한 여성들은 디오니소스에게 제물을 바치기 전에 바다에서 몸을 씻었어요. 그런데 그곳에 트리톤이 갑자기 나타난 거예요. 여성들은 깜짝 놀라서 비명을 지르며 도와달라고 소리쳤

누구세요?

디오니소스 포도주의 신. 축제의 신

지요. 이 소리를 들은 디오니소스가 씩씩거리며 한달음에 달려오자, 트리톤은 겁을 먹고 후다닥 도망갔어요. 그 후로 트리톤은 디오니소스가 나타나면 슬그머니 피하는 사이가 되었어요.

디오니소스 말고 다른 신과 연관된 일도 있나요? 아테나 여신과 연관된 일도 있어요. 트리톤에게는 팔라스라는 딸이 있었는데 아테나 여신의 친구였어요. 무척 친했던 두 사람은, 어느 날 펜싱 놀이를 하고 있었어요. 그 모습을 제우스가 지켜보고 있었죠. 팔라스가 펜싱 검을 휘두르자 제우스는 문득 두려운 생각이 들었어요. 딸인 아테나가 팔라스의 검에 다칠 것 같았던 거예요. 그래서 둘 사이에 방패를 불쑥 밀어 넣었어요. 갑자기 방패가 나타나자, 팔라스는 깜짝 놀랐어요. 방패를 피하려고 고개를 돌리다가 아테나의 검에 찔려 죽고 말았어요. 아테나는 너무너무 슬펐어요. 자신이 친구를 죽인 거니까요. 아테나는 팔라스의 모습을 나무 인형으로 만들었고 자신의 이름과 친구의 이름을 합쳐서 '아테나 팔라스'라고 부르기로 했어요. 아테나를 그린 예술 작품에는 '아테나 팔라스' 또는 '팔라스 아테나'라는 제목이 꽤 많아요. 그 제목에 어떤 슬픈 이야기가 숨어있는지 이제는 알 수 있겠지요?

누구세요?

팔라스 트리톤의 딸. 아테나 여신의 친구

해왕성을 도는 가장 큰 위성 이름이 '트리톤'이래요

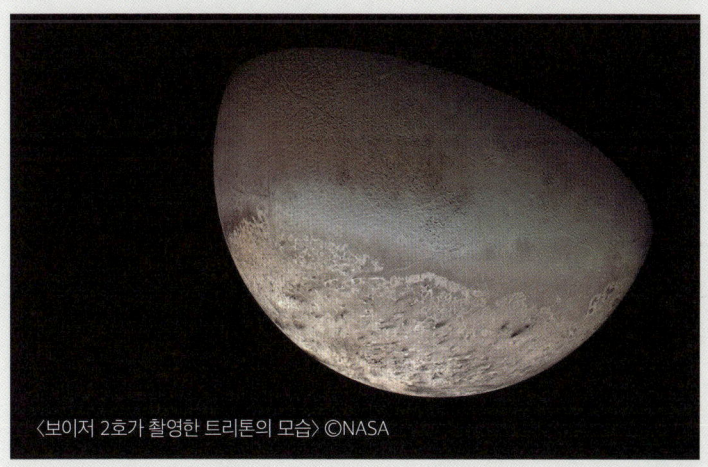

〈보이저 2호가 촬영한 트리톤의 모습〉ⓒNASA

태양계의 여덟 번째 행성은 해왕성이에요! 푸른빛을 띠고 있어서 바다의 신과 무척 잘 어울려요. 그래서 '넵튠'이라고 불러요. 로마 신화에서는 포세이돈을 '넵튠'이라고 부르거든요. 해왕성 주위에는 14개의 위성이 빙글빙글 돌고 있는데, 그중 가장 크고 특별한 위성의 이름이 트리톤이에요! 넵튠을 뱅그르르 돌고 있는 트리톤이라니, 잘 어울리죠? 트리톤을 뺀 13개 위성을 모두 합쳐도 트리톤보다 훨씬 작아요. 트리톤은 가장 큰 위성이면서, 아주 신비로운 모습을 하고 있어요. 트리톤의 표면은 영하 235도의 얼음이 뒤덮고 있는데 그 아래, 액체 상태의 물이 존재하고 있을 거라고 과학자들이 추측하고 있어요! 놀랍고 신비롭지요? 그래서 많은 과학자들이 트리톤에 대해 더 알아내려고 관심을 가지고 있답니다.

참고 ┃ 생명체 있을까?… 해왕성의 미스터리 얼음 위성 트리톤의 비밀 (2020.06.30_나우뉴스)

트리톤에 대한 질문을 읽은 다음,
사다리를 타고 내려가 빈 네모에 정답을 쓰세요.

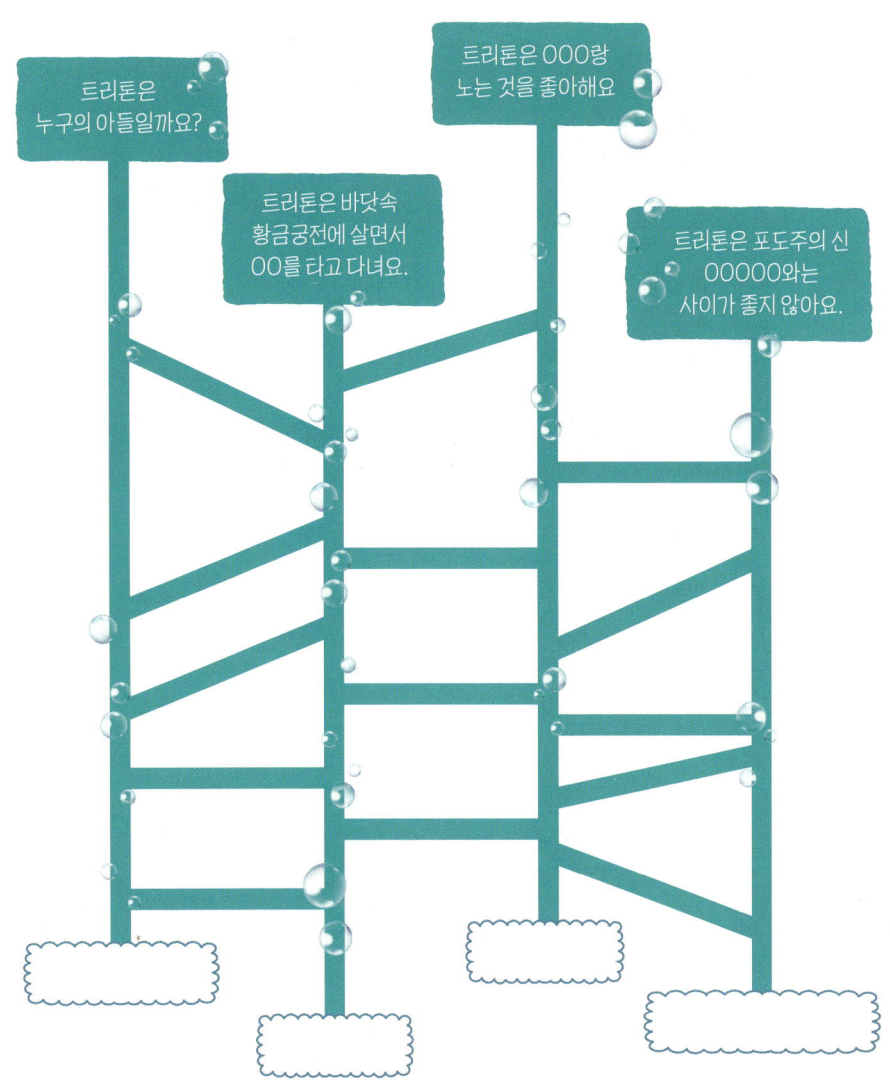

23

트리톤은 포세이돈의 수호 전령으로 바다를 지켰어요.
바다 대신 섬을 지킨
거대한 로봇 괴물은 누구일까요?

❶ 하르피이아이   **❷** 탈로스

바다 대신 섬을 지킨 거대한 로봇 괴물은 **❷** **탈로스**예요.

크레타 섬을 지키는 로봇 괴물

탈로스

엄청나게 **뜨거움** 주의!

거대한 크기
(33m=3300cm)

청동 갑옷

탈로스의 약점

어린이 키
(150cm)

탈로스는 괴물이에요?　탈로스는 온몸이 청동으로 만들어진 엄청난 크기의 거인이에요. 키가 33미터였어요. 그리스 <u>로도스 섬</u>에 청동 거상[1]이 있었는데, 그 청동상이 탈로스와 비슷한 크기였을 것으로 보여요. 로도스 거상의 키가 33미터였거든요. 탈로스는 <u>크레타 섬</u>에 살아요. 신이 만든 로봇 괴물이라고 부르기도 해요.

> ① **거상** 거대한 조각 형상

미노타우로스가 사는 크레타 섬에요? 탈로스가 거기서 뭐해요?　황소 괴물인 미노타우로스가 사는 크레타 섬 맞아요. 탈로스는 크레타 섬을 지키는 청동 경비 괴물이에요. 섬으로 들어오려는 침입자를 막고, 섬을 탈출하려는 자를 찾아내지요. 탈로스는 하루에 세 번, 섬을 한 바퀴 돌면서 섬에 상륙하려는 배가 있는지 살펴요. 섬에 상륙하려는 배를 발견하면 커다란 바위를 힘껏 던져서 다가오지 못하게 막았어요. 간혹 섬에 침입한 사람을 발견하면 독특한 방법으로 침입자를 죽였어요.

침입자를 어떻게 죽였는데요?　탈로스는 자신의 몸을 뜨겁게 달군 다음 침입자를 힘껏 끌어안았어요. 그 힘이 엄청나게 세서 침입자는 절대 탈로스의 품을 빠져나갈 수 없어요. 뜨겁게 달구어진 청동 몸체의 열 때문에 침입자는 결국 불타 죽고 말지요.

로도스 섬 그리스 남부에 있는 섬
크레타 섬 미노타우로스가 사는 섬

탈로스는 누가, 왜 만들었어요? 대장장이의 신 <u>헤파이스토스</u>가 만들었어요. 헤파이스토스는 세상에 존재하는 것도 만들어내고 존재하지 않는 것도 만들 수 있는 신기한 손재주를 가진 신이에요. 헤파이스토스는 크레타 왕국의 미노스 왕에게 탈로스를 만들어 선물했어요. 크레타 섬을 지킬 수 있게 크고 강하게 만들었지요. 탈로스는 섬으로 들어오는 침입자와 미노스 왕의 허락 없이 섬을 나가려는 탈출자를 철저하게 감시했어요. 하지만 하늘로 날아서 탈출한 <u>다이달로스</u>를 막지는 못했어요. 다이달로스가 탈로스를 만들었다는 이야기도 전해지고 있어요.

다이달로스는 미노타우로스를 가둔 미로를 만든 사람 아니예요? 정답이에요. 다이달로스는 사람들을 괴롭힌 황소 괴물 <u>미노타우로스</u>를 가둔 미로를 만든 사람이에요. 천상계에 헤파이스토스가 있다면 인간계에는 다이달로스가 있다고 할 만큼 뛰어난 솜씨를 가졌지요.

다이달로스가 왜 미로궁전에 갇혔어요? 테세우스가 미노타우로스를 죽이고 미로 궁전에서 탈출한 것을 알고 있죠? 미노스 왕은 의아했어요. 한번 들어가면 절대로 나올 수 없는 미로를 만들었다고 했는데, 제물로 들어간 테세우스가 살아나오다니! 실타래를 이용해 빠져나오는 방법을 아리아드네 공주에게 알려준 이가 다이달로스였다니! 미노스 왕은 불같이 화를 냈어요.

누구세요?

헤파이스토스 대장장이의 신
다이달로스 무엇이든 만드는 장인. 미로 궁전을 만듦
미노타우로스 크레타 섬에 사는 황소 괴물

화가 난 미노스 왕은 다이달로스를 어떻게 했어요? 다이달로스와 아들 이카로스를 미로에 가둬버렸어요. 자기가 만든 미로에 갇혀버린 거죠. 한번 들어가면 절대로 빠져나올 수 없는 미로라는 말은 사실이었어요. 미로를 만든 다이달로스조차도 빠져나오는 길을 몰랐거든요. 설사 나간다 해도, 섬을 지키고 있는 거대한 탈로스 때문에 섬을 벗어날 수는 없었어요. 다이달로스는 꾀를 내었지요.

어떤 꾀를 내었어요? "하늘로 탈출하자!" 하늘로 날아오르면 거대한 탈로스도 잡을 수 없을 테니까요. 다이달로스와 아들 이카로스는 그날부터 바닥에 떨어진 새 깃털을 모으기 시작했어요. 모은 깃털을 벌집의 밀랍으로 붙여서 거대한 날개를 만들었지요. 다이달로스와 이카로스는 거대한 날개를 붙이고 하늘로 날아올랐어요. 거인 탈로스조차도 하늘 높이 날아오른 다이달로스 부자[2]를 막을 수 없었어요. 두 사람은 탈출에 성공했어요.

> (2) **부자** 아버지와 아들

크레타 섬에 들어온 사람은 아무도 없었나요? 이아손의 아르고호가 크레타 섬에 상륙했어요. 자신의 왕국을 되찾기 위해 황금 양털을 찾으러 모험하는 이아손과 아르고호 말이에요. 황금 양털이 있는 콜키스 왕국에 도착했을 때 일행은 메데이아 공

누구세요?

이카로스 다이달로스의 아들
이아손 빼앗긴 왕국을 찾기 위해 아르고호를 타고 모험하는 영웅
메데이아 콜키스 왕국의 공주. 마법을 쓰는 마녀

주를 만났어요. 메데이아 공주는 탈로스의 약점을 아는 유일한 사람이었지요. 아르고호 일행은 메데이아 공주와 함께 크레타 섬에 도착했어요. 그들을 발견한 탈로스는 바위를 내던지며 위협했어요. 그때 메데이아가 비밀스럽게 제안했어요. "섬에 들어가게 해준다면, 당신을 영원히 죽지 않는 불사의 몸으로 만들어주겠소."

탈로스는 제안을 받아들이고 아르고 탐험대를 섬에 들어오게 했어요? '영원히 죽지 않는다고?' 탈로스는 청동 거인이었지만 생각하고 판단할 수 있는 괴물이었어요. 자신을 죽지 않게 만들어주겠다는 제안을 받아들였어요. 아르고 탐험대는 당당하게 섬으로 들어왔어요. 하지만 메데이아의 속삭임은 속임수였어요.

속임수였다고요? 탈로스는 어떻게 됐어요? 메데이아는 섬에 발을 내딛자마자 곧바로 탈로스에게 다가갔어요. 탈로스는 메데이아가 불사의 몸으로 만들어주려고 다가오는 것으로 생각했지요. 가까이 다가간 메데이아는 탈로스의 발목에 있는 청동 못이 빠지게 하는 마법을 걸었어요. 메데이아는 마법의 능력을 가지고 있었거든요. 탈로스의 약점이 바로 발목의 못이라는 것도 알고 있었고요. 탈로스는 목에서 다리로 연결된 핏줄이 딱 한 개 있는데, 그곳을 막고 있는 못이 발목에 있었던 거지요. 못이 빠지자 피가 뿜어 나왔어요. 탈로스는 결국 죽음을 맞게 되었어요.

아이언맨이 되는 전투복, 탈로스 프로젝트

영화 속 아이언맨 슈트를 입은 군인이 실제로 등장할 수 있대요. 미국에서 군인들에게 입힐 최첨단 전투복을 개발하고 있거든요. '전략 공격 경량 작전복(Tactical Assault Light Operator Suit)'을 줄여서 탈로스(TALOS)라고 불러요. 탈로스는, 강력한 방탄 기능을 가졌고 초인적인 힘을 제공하는 최첨단 로봇 전투복이에요.

탈로스를 개발하게 된 데에는 안타까운 사연이 있어요. 2012년, 미국은 납치당한 미국인을 구출하기 위해 작전을 펼쳤어요. 작전은 성공적이었지만 한 군인이 총상을 입고 사망하고 말았어요. 군인의 생명을 지킬 수 있는 특수한 전투복이 필요하다고 판단했어요. 그래서 아이언맨 같은 슈트를 군인들에게 제공하자는 아이디어를 낸 거예요.

아이언맨 슈트인 탈로스는, 전신 방탄 기능을 가져야 하며 12시간 동안 꺼지지 않아야 한다는 조건을 갖춰야 해요. 전투력을 향상시키는 동시에 전투원의 안전을 지키는 기능도 갖추어야 하고요.

탈로스는 지금도 열심히 개발하고 있대요.

좌) 영화 속 '아이언맨' 전투복
©마블스튜디오
우) 개발 중인 첨단 전투복 '탈로스'
©SOUTH MORNING POST

탈로스의 청동 갑옷을 색칠해서 특별하게 만들어주세요.

24

탈로스는 섬을 지키는 괴물이에요.
영웅을 지키는 멋진 괴물도 있어요.
누구일까요?

❶ 게리온　　**❷ 크산토스**

영웅을 지키는 멋진 괴물은 ❷ **크산토스**예요.

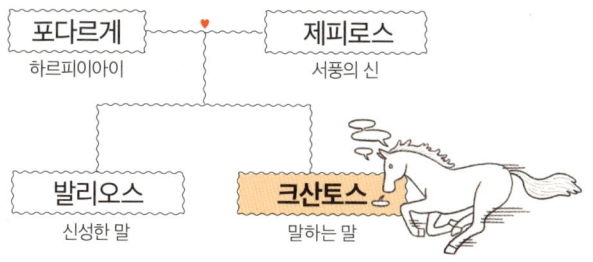

포다르게
하르피아이

제피로스
서풍의 신

발리오스
신성한 말

크산토스
말하는 말

크산토스는 어떻게 태어났어요? 크산토스는 하르피아이인 포다르게의 자식이에요. 하르피아이는 사람의 물건을 빼앗고 영혼까지 낚아채가는 괴물 새예요. 피네우스 왕의 음식을 빼앗아 먹었다가 혼이 난 사건을 알고 있죠? 하르피아이들이 피네우스 왕의 음식을 빼앗아 먹을 때 북풍의 신의 두 아들이 쫓아간 적이 있어요. 달아나는 하르피아이 중 유난히 뒤처지는 하르피아이가 있었는데 그가 바로 포다르게였어요. 포다르게는 임신했기 때문에 빨리 날 수 없었던 거지요. 포다르게가 말로 변하여 풀을 뜯고 있는 모습을 보고 서풍의 신 제피로스는 사랑에 빠져버렸어요. 둘 사이에서 태어난 자식들이 크산토스와 발리오스예요.

누구세요?

포다르게 크산토스 어머니
피네우스 트라키아 왕국의 왕. 눈이 보이지 않는 예언자
발리오스 크산토스처럼 신성한 말

크산토스는 어떻게 생겼어요? 크산토스는 진한 밤색 몸에 아름다운 갈기를 가졌어요. 신에게서 태어났기 때문에 불사의 존재예요. 바람보다 빨라서 영웅인 아킬레우스가 따라잡지 못하는 유일한 생명체였지요.

크산토스는 어떤 영웅을 지켰어요? 크산토스는 영웅 아킬레우스를 지켰어요. 아킬레우스는 인간 펠레우스와 지혜의 여신 테티스 사이에서 태어났어요. 테티스는 자신의 아들인 아킬레우스가 안타까웠어요. 신이 아니기 때문에 반드시 죽게 되니까요. 테티스는 갓 태어난 아킬레우스를 저승을 흐르는 스틱스강으로 데려갔어요. 그리고는 아기를 강물에 깊이 담갔다가 뺐어요. 불사의 몸을 만들기 위해서였지요. 하지만 아킬레우스는 죽음을 맞이하고 말아요.

불사의 몸이 되었는데 왜 죽어요? 스틱스강물에 담가지지 않은 부위가 있었어요. 테티스는 아기의 발뒤꿈치를 잡고 거꾸로 들어 물속에 넣었는데 그때, 테티스가 잡고 있던 발뒤꿈치에는 강물이 닿지 않았던 거예요. 결국 아킬레우스는 발뒤꿈치에 화살을 맞고 죽게 되지요. 아킬레우스의 유일한 약점이었던 발뒤꿈치 힘줄을 '아킬레스건'이라고 불러요.

누구세요?

아킬레우스 인간 펠레우스와 여신 테티스의 아들. 트로이 전쟁의 영웅
펠레우스 인간. 아킬레우스의 아버지
테티스 지혜의 여신. 아킬레우스의 어머니

크산토스는 왜 아킬레우스를 지켰어요?

포세이돈은 펠레우스와 테티스가 결혼할 때 크산토스와 발리오스를 선물했어요. 펠레우스는 이 말들을 아들 아킬레우스에게 주었지요. 크산토스와 발리오스는 신성한 말이어서 좀처럼 다루기가 어려웠어요. 아킬레우스와 친구인 파트로클로스만이 제대로 다룰 수 있었죠. 아킬레우스는 두 마리의 말에게 자신의 전차를 끌게 했어요. 크산토스는 아킬레우스를 충실하게 지키는 수호마가 되었죠. 하지만 크산토스는 아킬레우스와 말다툼을 벌인 적이 있어요.

아킬레우스와 말다툼을 했다고요? 크산토스는 말을 할 줄 알아요?

트로이 전쟁에서 파트로클로스가 죽었을 때예요. 트로이 왕자 헥토르는 파트로클로스가 아킬레우스라고 착각했어요. 아킬레우스가 빌려준 갑옷을 입고 있었거든요. 파트로클로스는 헥토르 왕자의 창에 찔려 목숨을 잃고 말아요. 파트로클로스가 죽자, 충격과 슬픔에 빠진 크산토스와 발리오스도 그 자리에서 얼어붙은 듯 서 있었어요. 앞으로 나아가지도 않고 뒤로 물러서지도 않으며 눈물을 흘렸지요. 제우스가 나선 다음에야 겨우 움직일 수 있었어요. 하지만 절친한 친구이자 믿을 수 있는 동료를 잃은 아킬레우스는 크산토스를 질책했어요. "파트로클로스를 데려오지 못하다니! 살해 당하게 내버려두다니! 죽음을 막지 않고 무엇을 한 것이냐?" 아킬레우스가 거칠게 비난을 퍼붓자 크산토스가 입

파트로클로스 아킬레우스의 친구
헥토르 트로이 왕국의 왕자. 파트로클로스를 죽임

을 열었어요. 헤라가 말할 수 있는 능력을 부여했거든요.

크산토스가 무슨 말을 했어요? "파트로클로스가 죽은 건 우리의 잘못이 아니오. 신이 헥토르에게 영광을 내리기 위해 죽은 것이오." 그리고 해서는 안 되는 말을 내뱉고 말아요. "아킬레우스 당신도 곧 죽을 운명이라오."

그 말이 왜 해서는 안 되는 말이에요? 인간의 운명을 함부로 말해서는 안 되거든요. 크산토스가 말을 끝내자마자 복수의 여신 에리니에스가 나타났어요. 에리니에스는 말로 잘못을 저지른 크산토스가 다시는 말할 수 없도록 만들어버렸어요.

크산토스는 아킬레우스와 말다툼을 한 이후, 어떻게 되었어요? 말하는 능력을 빼앗긴 크산토스는 아킬레우스가 죽은 뒤 포세이돈이 데려갔어요. 아킬레우스 아들의 전차를 끌었다고 전해지기도 해요.

파트로클로스가 죽은 트로이 전쟁이 뭐예요? 고대 국가인 트로이와 그리스 사이에서 일어난 전쟁이에요. 아킬레우스와 파트로클로스는 그리스인이고, 헥토르와 파리스는 트로이 왕자였지요. 전쟁은 10년 동안 계속되었으며 그리스의 승리로 끝났어요.

에리니에스 복수의 여신
파리스 트로이 왕국의 왕자, 헥토르의 동생

크산토스에 대한 설명이 적힌 상자가 있어요.
올바르게 연결되는 상자끼리 같은 색으로 색칠하세요.

크산토스는

하르피이아이와	죽었을 때	전차를 끌었어요
아킬레우스와	파트로클로스는	태어났어요
포세이돈이	서풍의 신 제피로스 사이에서	선물했어요
트로이 전쟁 때	아킬레우스의	친구 사이예요
파트로클로스가	펠레우스에게	눈물을 흘렸어요
짙은 밤색 몸과	아름다운 갈기를	가졌어요

전쟁을 일으킨 사과 두 개

가장 아름다운 여신에게 사과를 주어라! 트로이 전쟁의 사과

불화의 여신 에리스는 지나가는 파리스 왕자에게 황금사과를 건네며 말했어요. "가장 아름다운 여신에게 주시오." 파리스는 트로이의 왕자예요. 파트로클로스를 죽인 헥토르의 동생이지요. 트로이 왕자 파리스는 헤라, 아테나, 아프로디테 중 미의 여신인 아프로디테에게 황금사과를 주었어요. 아프로디테가 세상에서 가장 아름다운 여인을 주겠다고 파리스에게 약속했거든요. 세상에서 가장 아름다운 여인은 헬레나였어요. 하지만 헬레나는 이미 그리스 도시국가인 스파르타의 왕비였어요. 왕비를 뺏긴 스파르타는 왕비를 되찾기 위해 트로이와 전쟁을 시작했지요. 트로이 전쟁은 10년 동안 계속되었어요.

〈파리스의 심판〉 프랑수아 자비에 파브르, 1808년

아들 머리 위 사과를 쏴라! 빌헬름 텔의 사과

빌헬름 텔은 활을 무척 잘 쏘는 궁수였어요. 그가 살았던 스위스는 당시 오스트리아 합스부르크의 지배를 받았어요. 합스부르크 총독은 거리에 자신의 모자를 걸어놓고 인사하라고 주민들에게 강요했어요. 하지만 빌헬름 텔은 인사를 하지 않았죠. 그래서 무시무시한 벌을 받게 되었어요. 아들의 머리에 사과를 올려놓고 활을 쏘는 벌이었어요. 조금이라도 어긋나면 아들이 죽을 수도 있었죠. 빌헬름 텔은 담대하게[1] 활을 쏘았고, 머리 위 사과를 명중시켰어요. 그 후, 빌헬름 텔은 총독을 활로 쏘아 죽였고 주민들의 영웅이 되었어요. 이 사건으로 스위스 독립운동이 시작되었어요.

스위스 알트도르프에 있는 빌헬름 텔의 조각상

> [1] **담대하게** 겁이 없고 배짱이 두둑하게

누구세요?

에리스 불화의 여신
헬레나 그리스 도시국가 스파르타의 왕비, 가장 아름다운 여인으로 뽑힘
합스부르크 유럽을 오랫동안 지배한 오스트리아 왕가

기억에 남는 괴물

괴물을 그려보아요 (괴물 카드에서 잘라 붙여도 좋아요)

이름

생김새

성격

사는 곳

특징

기억에 남는 괴물로 뽑은 이유

친구하고 싶은 괴물

괴물을 그려보아요 (괴물 카드에서 잘라 붙여도 좋아요)

이름

생김새

성격

사는 곳

특징

친구하고 싶은 괴물로 뽑은 이유

괴물 놀이터

정답

01. 미노타우로스

● 20p

02. 메두사

● 28p

03. 페가수스

● 36p

페가수스는

메두사와	달려있고	키마이라를 죽였어요
커다란 황금빛 날개가	도와	태어났어요
말발굽으로	유니콘은	뿔이 있어요
벨레로폰을	포세이돈 사이에서	바람보다 빨라요
날개가 있고	번개와 천둥을	산이 무너졌어요
제우스의	내리치면	나르는 말을 했어요

04. 키마이라

● 44p

내 이름은 ○○○○! 머리는 ○○, 몸통은 염소, 꼬리는 ○인 무서운 괴물이지.

__키마이라__ , __사자__ , __뱀__

어느 날, 나를 잡겠다며 용감한 용사가 ○○○○를 타고 왔어. 그 용사의 이름은 ○○○○이었지.

__페가수스__ , __벨레로폰__

화가 나면 화산처럼 뜨거운 ○을 내뿜지. 그리고 날카로운 ○○으로 갈기갈기 찢어버려.

__불__ , __발톱__

가장 강력한 불을 내뿜었지만, 용사는 ○을 꽂은 창을 내 ○○○에 던졌어. 아아, 나는 사라질 수밖에 없었어.

__납__ , __목구멍__

05. 티폰

● 52p

1. 빈칸에 들어갈 알맞은 답을 쓰세요.

> ___①___ 은 그리스 로마 신화에서 가장 강력한 괴물이에요.
> 키마이라, 케르베로스, 히드라를 낳았어요.

① 티폰   ② 스핑크스   ③ 게리온   ④ 스킬라

2. 티폰은 무시무시하고 강력한 괴물이에요.

이 신조차도 티폰과 싸우다 도망을 가기도 했어요.

이 신은 누구일까요? _제우스_

3. 아래 보기에서 티폰을 찾아 번호를 쓰세요. (②)

①   ②   ③   ④

4. 글을 읽고 바르게 연결되는 문장을 골라 줄을 그으세요.

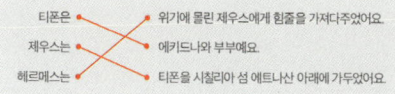

티폰은   위기에 몰린 제우스에게 힘줄을 가져다주었어요.

제우스는   에키드나와 부부예요.

헤르메스는   티폰을 시칠리아 섬 에트나산 아래에 가두었어요.

06. 케르베로스

● 60p

케르베로스가 사는 곳은?

프시케

3개

티폰 에키드나

케르베로스의 엄마 아빠는?

케르베로스 머리는 몇 개?

케르베로스를 빵으로 유혹한 사람은?

저승

07. 아르고스 〈23개〉

● 68p

08. 라미아

● 76p

09. 켄타우로스

● 84p

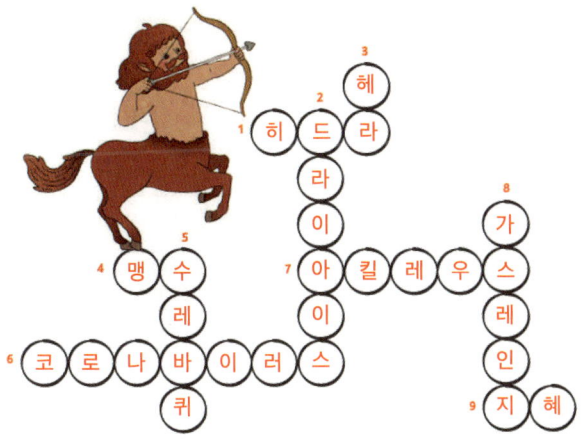

10. 히드라

● 92p

11. 스킬라 〈약병〉

● 100p

요	물	아	름	다	운	님	물	약
어	놀	이	한	감	용	폐	독	포
했	수	콘	스	킬	라	시	기	악
기	영	우	세	디	오	소	했	해
시	스	무	시	무	시	한	용	저
죽	편	공	키	르	케	헤	돌	서
이	너	걱	하	고	선	원	이	풀
는	건	세	우	스	와	을	마	었
망	카	리	브	디	스	사	법	나
절	오	요	지	았	말	고	하	변

12. 게리온

● 108p

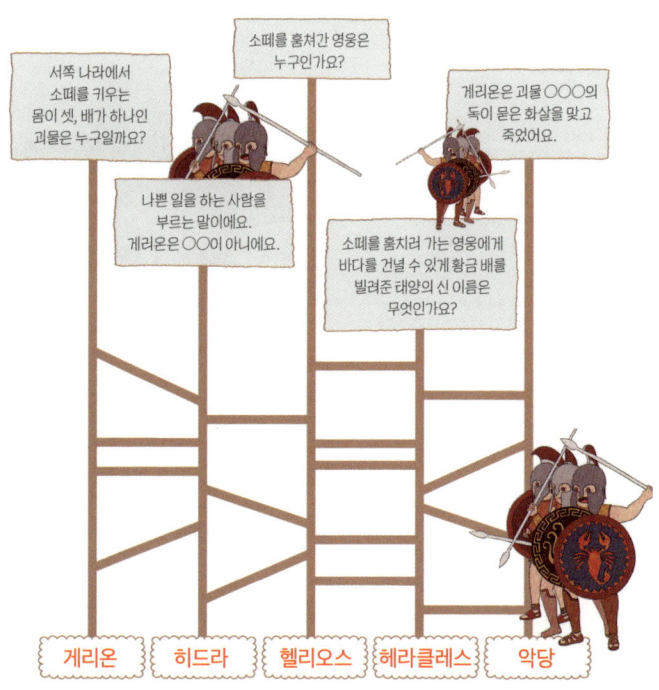

서쪽 나라에서 소떼를 키우는 몸이 셋, 배가 하나인 괴물은 누구일까요?

소떼를 훔쳐간 영웅은 누구인가요?

게리온은 괴물 ○○○의 독이 묻은 화살을 맞고 죽었어요.

나쁜 일을 하는 사람을 부르는 말이에요. 게리온은 ○○이 아니에요.

소떼를 훔치러 가는 영웅에게 바다를 건널 수 있게 황금 배를 빌려준 태양의 신 이름은 무엇인가요?

게리온   히드라   헬리오스   헤라클레스   악당

14. 그라이아이

● 126p

1. 다음 중 그라이아이는 누구일까요? (②)

①   ②   ③   ④

2. 빈 칸에 들어갈 숫자를 차례로 쓰세요.

그라이아이는 ____3____ 자매예요.

하지만 이빨이 __1__ 개이고 눈도 __1__ 개뿐이에요.

3. 그라이아이에 대한 설명을 읽고 맞으면 ○, 틀리면 × 하세요.

> 그라이아이는 '늙은 여자'라는 뜻이에요. (O)
>
> 그라이아이는 노란색으로 꾸민 집에 살았어요. (X)
>
> 어느 날 헤라클레스가 나타나 그라이아이의 눈을 빼앗아갔어요. (X)
>
> 그라이아이는 고르고네스의 언니들이에요. (O)

15. 엠푸사

● 134p

얼굴이 새하얗다

호... ...너가 ...한다

...로 변... ...

햇... ...으면 파... ...다

마늘을 싫어한다

...로 보면 ...

16. 세이렌

● 142p

17. 하르피이아이

● 150p

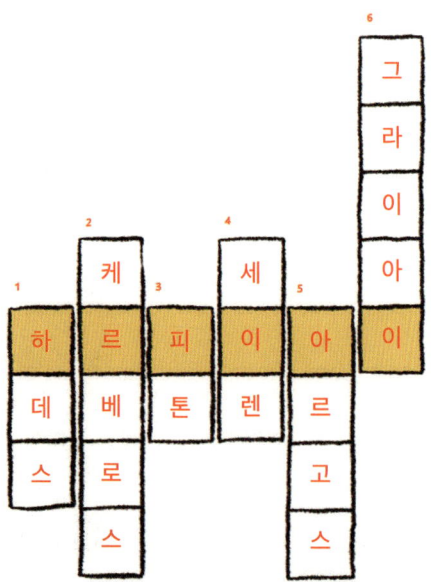

18. 스핑크스

● 158p

몸에 구멍이 뚫린 채로 팔려 가는 것은?
도넛

동화는 동화인데 읽을 수 없는 것?
운동화

도둑이 가장 싫어하는 아이스크림?
누가바

많이 맞을수록 좋은 것?
시험문제

축구선수들 웃음소리는?
킥킥킥

세균 중 가장 계급이 높은 것?
대장균

비는 비인데 먹을 수 있는 비?
갈비

차도가 없는 나라는?
인도

19. 바실리스크

● 166p

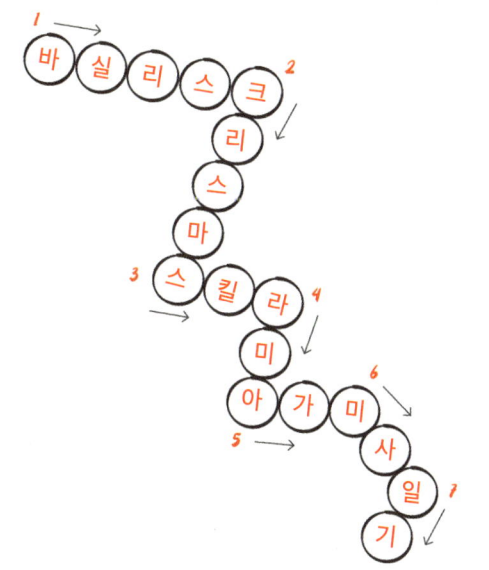

바 실 리 스 크
리
스
마
스 킬 라
미
아 가 미
사
일
기

20. 피톤

● 174p

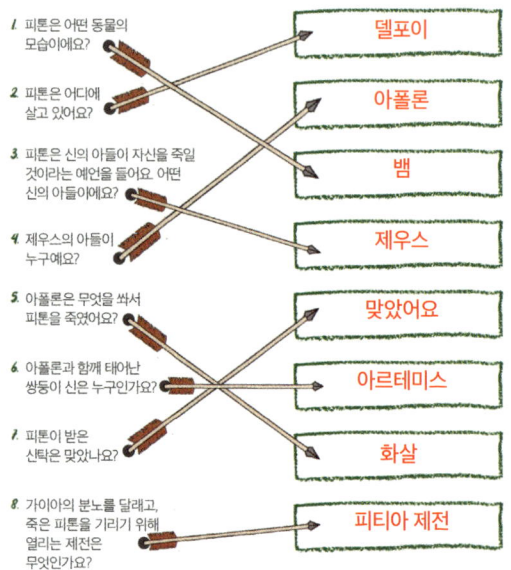

1. 피톤은 어떤 동물의 모습이에요?
2. 피톤은 어디에 살고 있어요?
3. 피톤은 신의 아들이 자신을 죽일 것이라는 예언을 들어요. 어떤 신의 아들이에요?
4. 제우스의 아들이 누구예요?
5. 아폴론은 무엇을 쏴서 피톤을 죽였어요?
6. 아폴론과 함께 태어난 쌍둥이 신은 누구인가요?
7. 피톤이 받은 신탁은 맞았나요?
8. 가이아의 분노를 달래고, 죽은 피톤을 기리기 위해 열리는 제전은 무엇인가요?

델포이
아폴론
뱀
제우스
맞았어요
아르테미스
화살
피티아 제전

21. 사티로스

● 182p

○○○ 여신이 만들었다가 버린 피리 때문에 불행한 일이 생겼어.
아테나

내 이름은 사티로스, 숲을 지키는 ○○이지.
정령

노는 것을 좋아하고 여자 정령인 님프들을 따라다니는 것도 좋아해. 그리고 붉은 ○○○를 마시는 것도 무척 좋아해.
포도주

나는 태양신 ○○○과 악기 연주 대결을 했어.
아폴론

220

22. 트리톤

● 190p

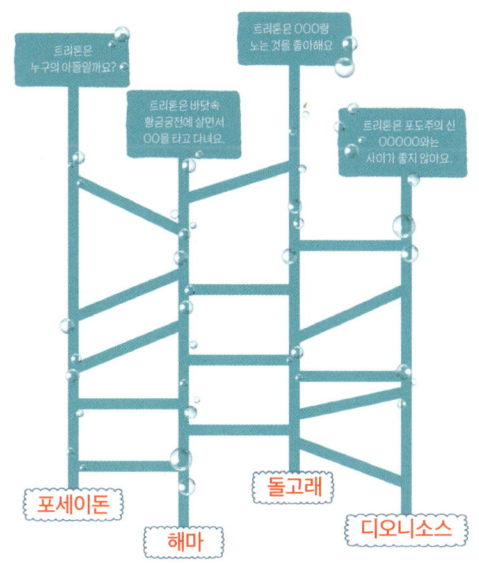

24. 크산토스

● 205p

괴물, 신, 님프, 영웅 찾아보기

재미있는 괴물 카드와

괴물 컬러링 - - -

미노타우로스
포악한 황소 괴물

키메라
몸은 용에 머리는 사자인 괴물

페가수스
메두사의 피에서 태어난 백마

메두사
머리카락이 뱀으로 된 괴물

키마이라
불을 내뿜는 혼합 괴물

미노타우로스
포악한 황소 괴물

메두사
꿈틀꿈틀 뱀 머리카락 괴물

페가수스
메두사의 피에서 태어난 백마

케르베로스

저승의 문지기 괴물 개

아르고스

눈이 100개 감시 괴물

라미아

저주 받은 엄마 괴물

티폰
괴물의 왕, 최강 괴물

케르베로스
저승의 문지기 괴물 개

아르고스
눈이 100개 감시 괴물

라미아
저주 받은 엄마 괴물

켄타우로스
성질 급한 싸움꾼

머리 아홉 개 달린 물뱀의 왕 **히드라**

 스킬라
마녀의 마법에 걸린 요정 괴물

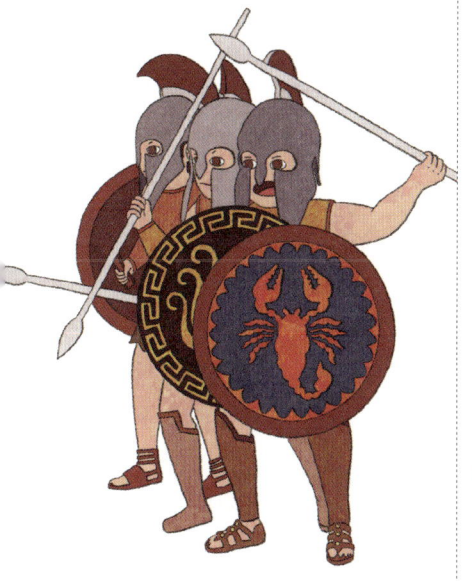

게리온
몸 셋, 배 하나, 괴상한 거인 괴물

켄타우로스
성질 급한 싸움꾼

히드라
머리 아홉 개 달린 불멸의 뱀

스킬라
마녀의 마법에 걸린 요정 괴물

게리온
몸 셋, 배 하나, 과상한 거인 괴물

그라이아이

눈알도 하나, 이빨도 하나인 세 할머니 괴물

키클로프스

사람도 잡아먹는 외눈박이 거인 아저씨

엠푸사

예쁘지만 무서워 달아나다 넘어지는 괴물

세이렌

목소리로 사람을 홀리는 여자 새

목소리로 사람을 홀리는 여자 새

키클로프스
사람도 잡아먹는 외눈박이 거인 아저씨

그라이아이
눈알도 하나, 이빨도 하나인 세 할머니 괴물

세이렌
목소리로 사람을 홀리는 바다 요괴

엠푸사
예쁘지만 무서워요! 로봇다리 식인 괴물

스핑크스
수수께끼 괴물

하르피이아이
영혼을 훔치는 괴물 새

퓌톤
신탁을 지배하는 거대 왕뱀

바실리스크
스치기만 해도 치명적인 생명파괴자

하르피이아아이
영혼을 훔치는 괴물 새

스핑크스
수수께끼 괴물

바실리스크
스치기만 해도 치명적인 생명파괴자

피톤
신탁을 지배하는 거대 왕뱀

사티로스

포도주를 사랑하는 춤꾼

✖ 트리톤
소라고둥을 부는 바다 전령

탈로스

크레타섬을 지키는 청동 괴물

켄타로스

사람이랑 말하는 똑똑한 말

트리톤
소라고둥을 부는 바다 전령

사티로스
포도주를 사랑하는 말썽꾼

크산토스
사람이랑 말하는 똑똑한 말

탈로스
크레타 섬을 지키는 로봇 괴물

저승을 지키는 머리 셋 괴물 개 **케르베로스**
아고, 무셔~~ 불을 내뿜는 **키마이라**

원래 아름다운 님프였던 **스킬라**
내 뿔 무섭지? 성격도 포악하다고! **미노타우로스**

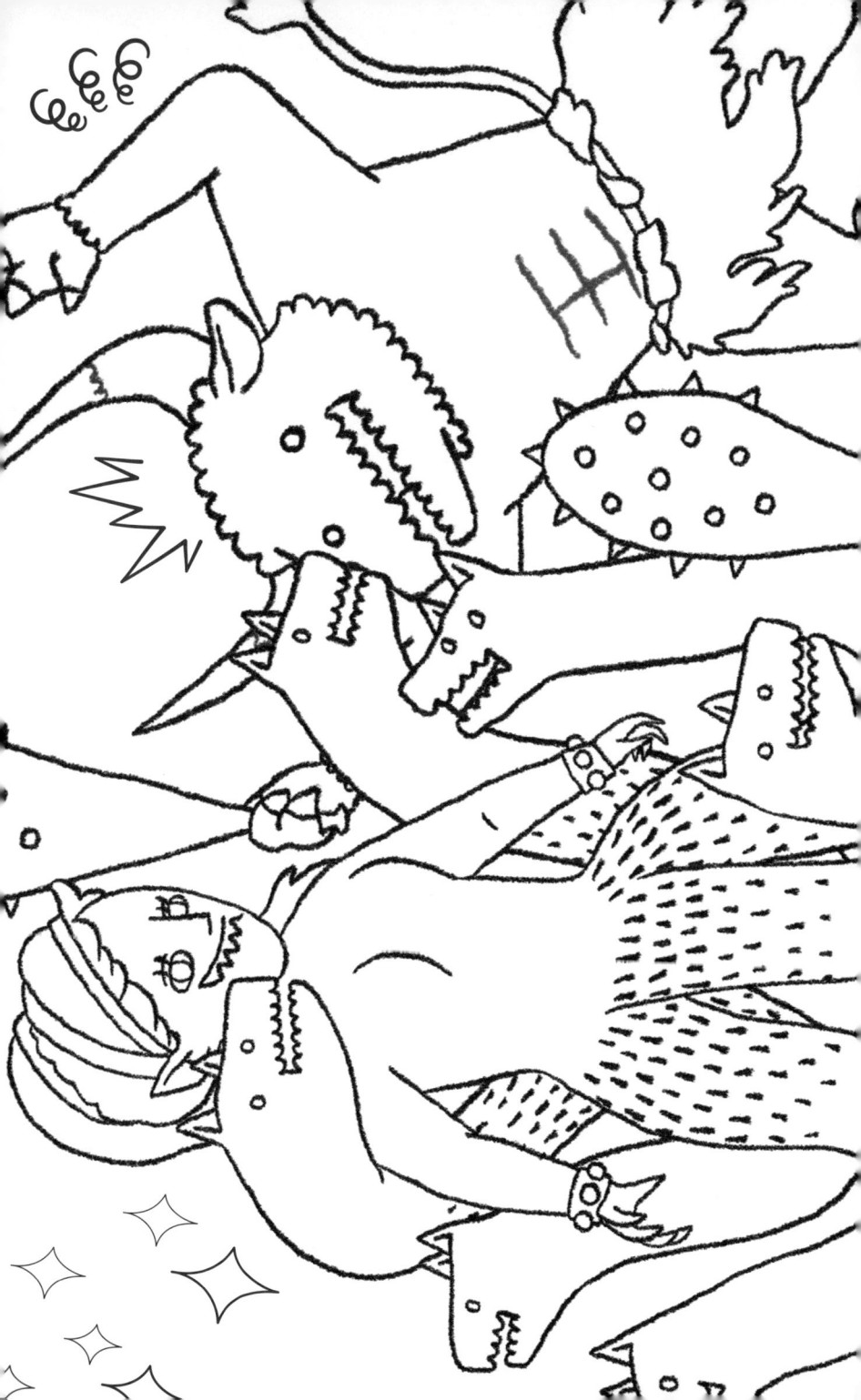

포도주만 있으면 행복한 **사티로스**
머리카락은 꿈틀꿈틀 뱀이야 **메두사**

나는 괴물의 왕 **티폰**이다!
저는 거대 왕뱀 **피톤**입니다

예쁜 공주 얼굴에서 괴물로 변한 **라미아**
돌고래와 노는 게 제일 좋은 **트리톤**

"우리 귀한 눈알 어디 있니?" **그라이아이**
"내 목소리로 다 홀려버릴 거야~" **세이렌**

"소떼는 우리가 지킨다" 게리온
"수수께끼 못 풀면 못 지나가" 스핑크스